China Corporate
Sustainability Index 2018

中国企业
可持续发展指数
报告
2018

中国企业联合会
中国可持续发展工商理事会◎著

SUSTAINABILITY
INDEX

中国经济出版社
CHINA ECONOMIC PUBLISHING HOUSE
北京

图书在版编目（CIP）数据

中国企业可持续发展指数报告. 2018 / 中国企业联合会，中国可持续发展工商理事会著.
--北京：中国经济出版社，2019.8

ISBN 978-7-5136-5757-0

Ⅰ. ①中…　Ⅱ. ①中…　②中…　Ⅲ. ①企业经济—可持续性发展—研究报告—中国—2018
Ⅳ. ①F279.2

中国版本图书馆CIP数据核字（2019）第133889号

责任编辑　耿　园　李若雯　陈宇慧
责任印制　巢新强
封面设计　华子设计

出版发行　中国经济出版社
印 刷 者　北京力信诚印刷有限公司
经 销 者　各地新华书店
开　　本　710mm × 1000mm　1/16
印　　张　15.25
字　　数　212千字
版　　次　2019年8月第1版
印　　次　2019年8月第1次
定　　价　98.00元
广告经营许可证　京西工商广字第8179号

中国经济出版社 **网址** www.economyph.com **社址** 北京市西城区百万庄北街3号 **邮编** 100037

本版图书如存在印装质量问题，请与本社发行中心联系调换（联系电话：010-68330607）

摘 要

中国企业可持续发展指数研究工作，由中国可持续发展工商理事会与中国企业联合会、中国企业家协会于2016年共同发起，开启了从企业角度分析、研究、评价可持续发展现状的先河。先后完成了《中国企业可持续发展指数研究报告》《中国企业可持续发展指数阶段报告》《中国企业可持续发展指数报告》三份重要报告，并于2018年推出了首个“中国企业可持续发展百佳排行榜”。

此次出版的《中国企业可持续发展指数报告（2018）》，梳理了可持续发展的理念及脉络，阐释了中国企业可持续发展指数研究工作的现实意义，详细介绍了中国企业可持续发展指数的构建工作，披露了2018年度中国企业可持续发展指数主报告及主要研究成果，并展示了相关企业案例。

可持续发展虽是全球共识，但中国企业实现可持续发展仍然任重道远。中国企业可持续发展指数作为一个推动我国经济高质量发展的重要指标工具和企业可持续发展的绩效评价体系，始终全面贯彻党的十九大精神，以习近平新时代中国特色社会主义思想为指导，坚持新发展理念，按照高质量发展的根本要求，不忘初心，为推动中国企业的可持续发展不断努力。

编委会名单

推荐语

王金南

国家生态环境部环境规划院院长、中国工程院院士

可持续发展深刻影响着商业与经济的未来发展方向。这本书整合了国际和国内有关企业可持续发展的指数与指标体系，构建起一个兼具操作性和科学性的企业发展分析模式，为企业战略与执行提供了一套“3-8-68-191”的行动指南。

朱宏任

中国企业联合会常务副会长兼理事长

本报告是中国企业联合会、中国企业家协会支持，中国可持续发展工商理事会开展的中国企业可持续发展指数工作的研究成果，通过对我国逾千家企业的数据和案例进行研究和评价，展示了中国企业可持续发展的进展状况。研读这份报告有助于广大企业借鉴优秀经验，检视发展成果，提升自身可持续发展能力，助推企业秉承“创新、协调、绿色、开放、共享”的新发展理念，应对复杂多变的国际环境，顺应中国经济从高速发展向高质量发展的时代要求，为发展成为世界一流企业打下良好基础。

戴彦德

国家发改委能源研究所原所长

本书凝结了中国领先企业积极探索和实践可持续发展的努力与进展，展现了中国工商界企业积极对标联合国 2030 可持续发展议程及 17 项核心目标的行动，特别是鼓励企业在节能减排、提高资源利用率、强化终端回收等领域加大投入，具有很强的现实意义。

Peter White

世界可持续发展工商理事会原副会长兼首席运营官、COP15 大使

可持续发展能力将成为企业领导力、管理能力、品牌影响力和核心竞争力的综合体现。中国可持续发展工商理事会（CBCSD）及其会员企业在推进中国企业努力提升可持续发展水平方面作出了全面、领先、前瞻和具有国际视野的尝试，展示了中国企业界在可持续发展方面的进程和成果，有重要的参考价值。

李来来博士

世界资源研究所原北京代表处首席代表

《中国企业可持续发展指数报告（2018）》最大的贡献在于它基于数据，对企业生态环境与资源等领域的工作进行了量化、具体、客观的评价和对比，为在中国运营的企业如何精细化管理从而降低自己的“生态足迹”提供了重要的、可测量的标准和参考。本书会鼓励更多企业加快环境信息公开，以“绿色”提升自己的市场竞争力。

前　言

当前我国经济正处于转型升级的关键时期，坚持绿色发展、可持续发展、人与自然和谐发展已成为时代主旋律。经济发展不仅要重视规模扩张，更要关注内在创新和效益。中国共产党第十八届中央委员会第五次全体会议强调，破解发展难题，厚植发展优势，必须牢固树立并切实贯彻“创新、协调、绿色、开放、共享”发展理念。这是关系我国发展全局的一场深刻变革，具有重大现实意义和深远历史意义。

在2015年联合国可持续发展峰会上，各国领导人一致通过《变革我们的世界：2030年可持续发展议程》，为各国发展和国际合作指明方向，开启了全球可持续发展事业的新纪元。工商企业作为国民经济的主体，是践行可持续发展的重要力量。在可持续发展理念的指引和相关政策的推动下，越来越多的中国企业开始从单一追求利润和规模，转向注重企业与自然环境、人文环境的和谐发展，开始注重倾听并接纳各利益相关方的诉求，培养企业的综合发展能力。

基于上述客观背景，中国可持续发展工商理事会与中国企业联合会共同成立“企业可持续发展指数”研究项目组，由王基铭院士担任组长，高校、企业、协会等专家学者组成团队，发挥中国企业500强多年积累的宝贵经验和优势，以现有中国企业500强数据为基础，经过近三年扎实的理论研究，深入企业的实地调研，参照国际可持续发展理念和通行做法，结合我国国情，从竞争力、环境、社会三个维度构建了一套适用于中国企业的可持续发展指标体系。“中国企业可持续发展指数”运用了国际标准语言，承载了中外企业交流、沟通、合作的平台作用，得到了企业、媒体、其他机构的广泛关注与认可。

本研究的工作内容主要包括：企业可持续发展的理论研究和概念界定，中国可持续发展的现状分析与相关政策梳理，企业可持续发展指数的评价体系梳理，中国企业可持续发展指数的构建和测算，结合具体企业的案例调研与指数测算。在项目研究过程中，以实际应用作为指导开展工作的基础，本着“源于企业、服务企业”的宗旨，多次到企业实地调研，发函邀请企业参与指数的开发与测算试用，学习企业可持续发展的实践经验，分析企业可持续发展的现状与差距，探讨企业可持续发展的方向，并请企业专家提出宝贵意见和建议，帮助共同建立和完善企业可持续发展指数与评价体系，力求建立一套权威的企业可持续发展指标体系，客观公正地评价企业的可持续发展能力。

本报告作为研究中国企业可持续发展指数的专业书籍，清晰界定了企业可持续发展的含义和关注重点，详细分析了企业可持续发展的历史沿革和国内外现状，充分论述了中国企业可持续发展的现状、差距和努力方向，并推出了科学的、具有普适性的、基于非财务数据的中国企业可持续发展指标体系，以期有效引导、督促企业提升可持续发展能力，为提高中国企业可持续发展的整体水平作出贡献。

项目研究得到产学研各方的高度认同和大力支持。清华大学经济管理学院、生态环境部环境规划院和对外经济贸易大学国际商学院给予了学术支持，在理论和研究方法上提供指导；二十多家行业领先企业高度重视、各部门积极配合和响应，提供了调研案例和相关数据，为可持续发展指数报告的顺利完成奠定了坚实的实证基础；多家研究机构、智库和外资领先企业提供了专业支持和无私分享。在此表示由衷感谢！

期待与各界精诚合作，群策群力，共创未来！

目 录

SUSTAINABILITY INDEX

总　　论

工业革命在人类社会发展中起到了巨大的推动作用，同时也产生了足以影响人类生存的负外部性，包括资源的无序开采，自然环境的破坏，水、大气、土壤的持续污染，恶果接踵而来。社会各界不断呼吁要珍惜我们赖以生存的环境，为子孙后代留下生存空间。近50年来，追求可持续发展逐渐成为全球共识，企业成为推动经济社会持续发展的重要实践者和引领者。

1 可持续发展概况

1.1 可持续发展理念

从世界近现代史上看，人们对于可持续发展（Sustainable Development）的认识是一个从无到有、由浅到深的过程。20 世纪 50 年代，西方学者注意到长期的工业化、城市化导致的环境及资源压力，由此开启了人们对可持续发展的关注。1962 年，美国女生物学家莱切尔·卡逊（Rachel Carson）出版了一部具有划时代意义的环境科普著作《寂静的春天》，描绘了一个美丽村庄的突变，通过陆地、海洋、天空空间的转换揭示了化学品的危害，警告人们将会失去"明媚的春天"。这本著作引起了全世界关于"如何发展"的争论，也是各界第一次对"人类意识的绝对正确性"提出了质疑。

《增长的极限》与《只有一个地球——对一个小小行星的关怀和维护》的出版，提醒了我们与环境和谐相处的紧迫性。《增长的极限》是罗马俱乐部（The Club of Rome）于 1972 年发表的一份研究报告。在报告中，研究者明确提出了多个全球性问题，如人口、粮食、资源和环境污染等，阐述了"持续增长"与"合理、持久均衡发展"的概念和思想。今天，均衡发展的理念早已成为各国领袖、学者、专家们热烈讨论和深入研究的重大议题之一。

《只有一个地球——对一个小小行星的关怀和维护》是一本关于全球

环境问题的著作。该书是英国经济学家 B. 沃德（B. Ward）和美国微生物学家 R. 杜博斯（R. Dubos）受联合国人类环境会议秘书长 M. 斯特朗（M. Strong）的委托，为 1972 年在斯德哥尔摩召开的联合国人类环境会议提供的背景材料。该书的素材由 40 个国家提供，并在 58 个国家和 152 名专家组成的通信顾问委员会协助下完成。该书首次提出了“全体人类命运共同体”的概念，将人类生存与环境的视野扩展到了全球。全书从整个地球的发展前景出发，从社会、经济和政治的不同角度，评述了经济发展和环境污染对不同国家产生的影响，呼吁各国重视维护人类赖以生存的地球。

1987 年，以挪威时任首相格罗·哈莱姆·布伦特兰（Gro Harlem Brundtland）为主席的联合国世界与环境发展委员会发表了一份题为《我们共同的未来》的报告，正式提出“可持续发展”概念。其含义是：既满足当代人的需求，又不危害后代人满足其需求的发展。这是一个涉及经济、社会、文化、技术和自然环境多方面的综合动态概念。报告分为 3 个部分：共同的关切、共同的挑战、共同的努力。报告将注意力集中于人口、粮食、物种和遗传、资源、能源、工业和人类居住 7 大方面。报告归纳了 3 个结论：①环境危机、能源危机和发展危机不能分割；②地球现有的资源和能源远不能满足人类发展的需要；③必须为当代人和子孙后代的利益改变发展模式。报告指出：“在过去，我们关心的是经济发展给生态环境带来的影响，而现在，我们正迫切地感到生态的压力给经济发展带来的重大影响。因此，我们需要有一条新的发展道路，这条道路不是一条仅在若干年内、在有限区域支持人类进步的道路，而是一条一直到遥远的未来都能支撑全球人类进步的道路。”

可持续发展理念一经提出，就受到了世界各国政府组织和舆论的广泛重视，将人们从孤立地考虑环境保护问题，引向了将人类发展与环境保护作为一个有机整体来考量。

1992 年的联合国环境与发展大会上，“可持续发展”成为与会者的普遍共识，通过了《21 世纪议程》。至此，可持续发展理念成为全世界的共同行动纲领。

2002 年，联合国可持续发展会议在南非举行，会议通过了《可持续发展世界首脑实施计划》，并发表了《约翰内斯堡可持续发展宣言》，再次强调了可持续发展的重要性。

2012 年，联合国可持续发展会议在巴西里约热内卢召开，会议围绕“可持续发展和消除贫困背景下的绿色经济”和“促进可持续发展机制框架”两大主题，就 20 年来国际可持续发展各领域取得的进展和存在的差距进行了深入讨论，呼吁全人类共同努力消除贫困，推进可持续发展，并发布了《我们憧憬的未来》成果文件。

2015 年 9 月，联合国可持续发展峰会在纽约联合国总部召开。会议通过了一份由 193 个会员国达成的共识文件，即《变革我们的世界：2030 年可持续发展议程》（*Transforming our World: The 2030 Agenda for Sustainable Development*）。该纲领性文件包括 17 项可持续发展目标和 169 项具体目标，将推动全世界在其后 15 年内实现 3 个宏伟目标：消除极端贫穷、战胜不平等和不公正以及遏制气候变化。

2015 年 12 月，《联合国气候变化框架公约》的 197 个缔约方在巴黎气候变化大会上达成《巴黎协定》，为 2020 年后全球应对气候变化行动作出安排。该协定已于 2016 年 11 月 4 日正式生效（见图 1–1）。

时至今日，可持续发展已经成为各国政府、企业界、媒体及全人类的共同目标和行动方向。

从经济学的角度看可持续发展理念，新古典经济学认为，企业成长与发展的根本动力和原因在于对规模经济及范围经济的追求（Marshall, 1994）。新制度经济学认为，企业成长与发展是企业边界扩大的过程，认为企业成长的动因在于节约市场交易费用，企业是一系列契约的集合。

从管理学的角度来看，以迈克尔·波特（Michael Porter）为代表的竞

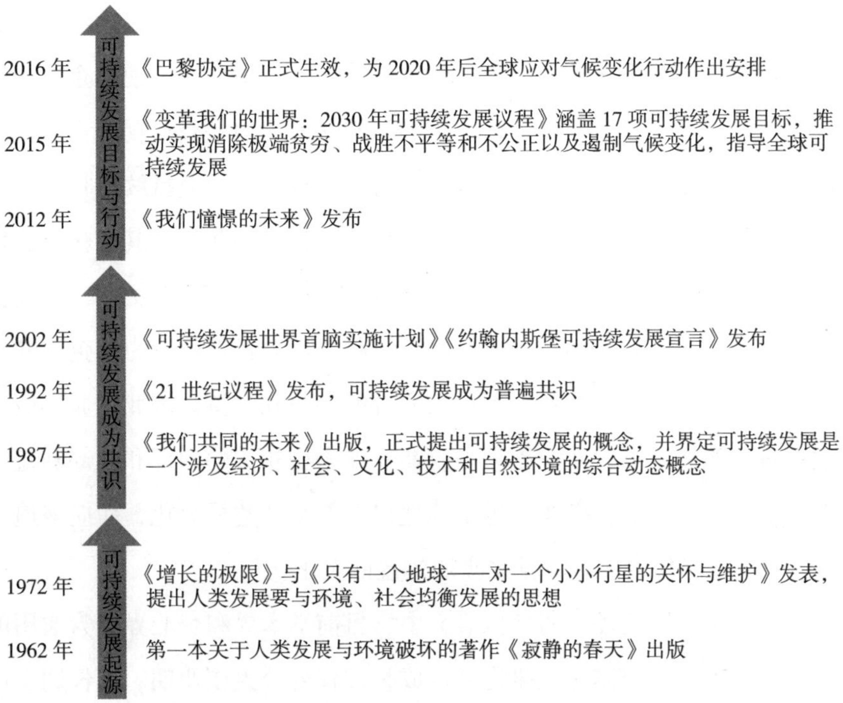

图 1–1 国际上可持续发展思想演变主要节点及事件

争战略管理理论认为，竞争优势是推动企业成长与发展的主要动力，强调从产业的角度分析竞争优势，并在一定程度上解释了公司绩效与环境之间的关系。以安蒂思·潘罗斯（Edith Penrose）为代表的现代企业成长理论认为，企业是有意识地利用各种资源获得利润的组织，企业成长的因素和机制均取决于创新能力。以贝尼（Berney）为代表的资源基础观理论认为，相较于企业外部环境，企业内部资源更具有竞争力和决定性，企业通过将长期投资的不可模仿与不可交换的资源转换为战略资源获得长期竞争优势，从而实现可持续发展。以普拉哈拉德（Prahalad）和哈墨尔（Hamel）为代表的企业可持续发展核心能力理论认为，企业的竞争优势来源于企业配置、开发与保护资源的能力，这种核心能力的存在决定了企业的发展，并产生了企业特有的生命线。以哈罗德·德姆塞茨（Harold Demsetz）为代表的知识管理理论认为，企业的知识存量决定了配置资源等创新活动的能力，从而最终在市场上体现出竞争优势；同时，知识具有难以模仿性，它只有通过具有路径依赖性的积累过程才能获得并发挥作用，使得企业的竞争优势得以持续下去；而由知识决定的认知学习能力是企业提升竞争优势的源泉。以范明和汤学俊为代表的运用自组织理论对企业持续成长进行研究的学者认为，可持续发展能力是企业系统演化的慢变量，其变化将驱使企业各子系统的动态能力演化，进而支配企业系统的演变发展。以爱德华·佛里曼（Edward Freeman）为代表的利益相关者理论认为，企业的发展离不开公司内部和外部各个利益相关方的参与和支持，因此企业不应只考虑自身的发展诉求，而应该为与企业发展密切相关的内部和外部利益相关者创造财富和价值，企业不再单纯地追求股东利益最大化，而应该追求企业、社会、环境的综合效益或叠加效益最大化。

在企业生命周期理论的分析研究中，目前学术界和企业界较为通用的划分方式是根据组织演化规律将企业成长过程划分为创业期、成长期、成熟期、衰退期 4 个阶段。伊查克·爱迪思（Ichak Adizes）被视为企业生命周期理论的创立者，他根据生物进化原理将企业生命周期划分为孕育期、婴儿期、学步期、青春期、盛年期、稳定期、贵族期、后贵族期、官僚期和死亡期 10 个阶段。以斯坦梅茨为代表的学者将企业成长过程分为直接控制、指挥管理、间接控制、部门化组织四个阶段。国内以陈佳贵为代表的管理学者将企业生命周期划分为孕育期、求生存期、高速成长期、成熟期、衰退期和蜕变期 6 个阶段（见表 1–1）。

表 1–1　企业可持续发展相关理论

研究	学派	代表人物	观点
经济学	新古典经济学	阿尔弗雷德·马歇尔	企业成长与发展的根本动力和原因在于对规模经济及范围经济的追求
	新制度经济学	罗纳德·科斯	企业成长的动因在于节约市场交易费用，企业是一系列契约的集合

续表

研究	学派	代表人物	观点
管理学	竞争战略管理理论	迈克尔·波特	竞争优势是推动企业成长与发展的主要动力，强调从产业的角度分析竞争优势
	现代企业成长理论	安蒂思·潘罗斯	决定企业成长的因素和机制均取决于创新能力
	资源基础观理论	贝尼	企业通过长期投资于不可模仿与交易的资源获得战略性资源继而取得竞争优势
	企业可持续发展核心能力理论	普拉哈拉德、哈默尔	企业的竞争优势来源于企业配置、开发与保护资源的能力
	知识管理理论	哈罗德·德姆塞茨	企业的知识存量决定了配置资源等创新活动的能力，从而最终在产出及市场中体现出竞争优势
	自组织理论	范明、汤学俊	可持续发展能力是企业系统演化的慢变量，其变化将驱使企业各子系统的动态能力演化，进而支配企业系统的演变发展
	利益相关者理论	爱德华·佛里曼	企业不应只考虑自身的发展诉求，而应该为与企业发展密切相关的内部和外部利益相关者创造财富和价值
	企业生命周期理论	伊查克·爱迪思	将企业生命周期划分为孕育期、婴儿期、学步期、青春期、盛年期、稳定期、贵族期、后贵族期、官僚期和死亡期十个阶段

综上所述，地球上的每一个公民、组织、国家都有责任和义务推动企业及社会经济的可持续发展。传统理论认为，企业是一种基于经济人假设、以营利为目的的经济组织，人类生产活动时产生的一切环境、资源问题，都应该由承担公共品供给职能的政府来解决。然而，在可持续发展视野下，企业不应仅是以营利为目的、以股东利益最大化为目标的经济组织，而应该成为拥有更广泛、更良好关系的利益相关者，并自觉补偿因生产经营给环境、社会等方面造成的压力与损失，承担社会公民的相应责任。

通过回顾人类社会对可持续发展目标的追求过程与企业可持续发展的相关理论，可以归纳出，企业可持续发展是指企业在追求生存、成长和永续发展的过程中，既要最大限度地开发企业内部资源和潜力，使企业保持可持续盈利和提高竞争能力，又要作为企业公民和社会人，最大限度地高效使用自然资源和能源，积极为社会谋求利益，从而追求企业与利益相关方之间的整体利益最优。这完全符合“天人合一”的中国主流价值观。

1.2 可持续发展进程

我国政府一直重视经济的可持续发展，通过政策引导可持续发展。特别是近几年，中央政府宏观指导和产业主管部门频繁出台有针对性的指导文件，鼓励与引导行业、企业转型发展。

1.2.1 党和国家以可持续发展理念指引全局

1993 年，为落实联合国环境与发展大会有关决议，我国政府制定了《中国 21 世纪议程》，标志着可持续发展被确定为中国长期发展的指导原则，成为中国走向 21 世纪的发展战略。2003 年，国务院印发了由国家发展和改革委员会等相关部门制定的《中国 21 世纪初可持续发展行动纲要》，为从经济发展、社会发展、资源保护、生态保护、环境保护、能力建设六个方面推进可持续发展提出了更加具体的配套措施。我国也分别于 1996 年、2002 年和 2012 年发布了《中华人民共和国可持续发展国家报告》。

2003 年 10 月，党的十六届三中全会提出了“科学发展观”，其基本要求就是要实现全面协调可持续发展，进一步将可持续放到更加突出的位置。2010 年 10 月，党的十七届五中全会提出，“十二五”时期要以科学发展为主题，坚持科学发展，更加注重以人为本，更加注重全面协调可持续发展，更加注重统筹兼顾，更加注重保障和改善民生，促进社会公平正义。

2012年，党的十八大报告提出，“全面落实经济建设、政治建设、文化建设、社会建设、生态文明建设‘五位一体’总体布局，促进现代化建设各方面相协调”。报告要求把生态文明建设放在突出地位，融入经济建设、政治建设、文化建设、社会建设各方面和全过程，努力建设美丽中国。

2015年10月，党的十八届五中全会提出了“创新、协调、绿色、开放、共享”五大新发展理念，将绿色发展作为关系我国发展全局的一个重要理念，作为“十三五”乃至更长时期我国经济社会发展的一个基本理念。

2017年，党的十九大报告进一步明确提出，“为把我国建设成为富强民主文明和谐美丽的社会主义现代化强国而奋斗”。社会主义现代化奋斗目标从“富强民主文明和谐”延伸为“富强民主文明和谐美丽”，进一步强化了中央将“美丽”作为重要目标的决心。与此同时，党的十九大报告对中国社会主要矛盾作出了新的论断，将坚持人与自然和谐共生作为新时代坚持和发展中国特色社会主义基本方略的重要内容，特别是将污染防治等内容作为2020年决胜全面建成小康社会的三大攻坚战之一，围绕生态文明建设和生态环境保护提出了一系列新理念、新要求、新目标和新部署。

1.2.2 中央政府及各部委出台可持续发展相关政策

（1）中央政府

我国生态文明建设和生态环境保护正面临前所未有的挑战，老的环境问题尚未解决，新的环境问题又接踵而至。

2005年7月2日，国务院印发了《国务院关于加快发展循环经济的若干意见》（国发〔2005〕22号），该文件以抓住重要战略机遇期、实现全面建设小康社会的战略目标为背景，提出必须大力发展循环经济，按照“减量化、再利用、资源化”原则，采取各种有效措施，以尽可能少的资源消耗和尽可能小的环境代价，取得最大的经济产出和最少的废物排放，实现经济、环境和社会效益相统一，建设资源节约型和环境友好型社会。

国务院于2013年、2015年、2016年陆续发布了《关于印发大气污染防治行动计划的通知》《国务院全国资源型城市可持续发展规划（2013—2020年）》《水污染防治行动计划》《“十三五”生态环境保护规划》《“十三五”控制温室气体排放工作方案》《土壤污染防治行动计划》《国务院关于钢铁行业化解过剩产能实现脱困发展的意见》《国务院关于全民所有自然资源资产有偿使用制度改革的指导意见》等指导文件；2015年9月，中共中央、国务院印发了《生态文明体制改革总体方案》。这些文件着重强调了“自然资源”的战略性与稀缺性及对中国经济健康良性发展的重要性，也再次明确了大气、水资源、土壤、能源资源等自然资源的具体治理目标。

国务院办公厅也先后印发了多个推动可持续发展的意见和通知，包括2015年3月发布的《关于加强节能标准化工作的意见》、同年12月发布的《生态环境损害赔偿制度改革试点方案》，以及2016年12月发布的《生产者责任延伸制度推行方案》。这不仅表明了政府加快转变经济增长方式的决心与力度，而且说明除了要治理历史遗留与现存问题，还会对继续破坏自然资源、无视生态环境修复与治理重要性与紧迫性的生产经营主体依法进行追责与处理。

2017年，中央审议通过了《关于划定并严守生态保护红线的若干意见》《领导干部自然资源资产离任审计规定（试行）》《建立国家公园体制总体方案》《生态环境损害赔偿制度改革方案》等文件。其中，“生态保护红线”是我国特有的概念，表明了我国建设生态文明的决心与因地制宜的治理方式。2017 年 7 月，国务院办公厅印发《关于禁止洋垃圾入境推进固体废物进口管理制度改革实施方案》，全面禁止洋垃圾入境，完善进口固体废物管理制度，加强固体废物回收利用管理，大力发展循环经济，切实改善环境质量、维护国家生态环境安全和人民群众身体健康。

2017 年，我国首部《核安全法》明确了核事业“安全第一”的根本原则。同年 4 月，《国家环境保护标准“十三五”发展规划》进一步完善了环境保护标准体系，以不断推进标准体系建设，积极推动环境质量的改善与环境风险的防控。2018 年 3 月，第十三届全国人民代表大会第一次会议审议批准了国务院机构改革方案，确定了组建生态环境部，不再保留环境保护部。除了整合机构与职能，我国不断加大依法治理与保护生态环境的力度。2018 年 3 月，第十三届全国人大一次会议第三次全体会议通过了《中华人民共和国宪法修正案》，将“生态文明”纳入中国特色社会主义总体布局和第二个百年奋斗目标体系，为中国特色社会主义生态文明建设提供了根本的法律保障。2018 年 6 月 16 日，《中共中央、国务院关于全面加强生态环境保护坚决打好污染防治攻坚战的意见》中提出了具体指标，确定了打好攻坚战的时间表和路线图，着力推动绿色发展方式和生活方式，从而实现经济的可持续发展。

（2）中央部委

绿色发展代表了当今科技和产业变革的方向，企业要在全球变化、可持续发展等方面加深认识，要依靠科技创新解决绿色发展中遇到的难点。这就要求政策制定部门首先要制定符合自然规律的政策，引导企业从粗放型发展方式转向集约型发展方式，通过不断提高科技含量，解决好经济目标、生态目标、人与自然和谐的目标，决不能再以牺牲环境为代价换取一时一地的经济增长。为此，近些年各部委相继制定并发布了引导我国企业可持续发展的相关文件。

国家发展和改革委员会及其办公厅印发了一系列规划及引导办法，包括2014年9月《国家应对气候变化规划（2014—2020年）》、2016年1月的《关于切实做好全国碳排放权交易市场启动重点工作的通知》、2016年3月的《全国碳排放权交易管理条例（草案）》、2016年12月的《可再生能源发展“十三五”规划》等。国家发展改革委还会同其他主管部委联合发布了多个指导意见及规划方案，包括2016年2月的《关于促进绿色消费的指导意见的通知》、2016年2月的《城市适应气候变化行动方案》、2016年5月的《清洁生产审核办法》、2016年12月的《“十三五”全民节能行动计划》《能源发展“十三五”规划》《能源生产和消费革命战略（2016—2030）》、2017年1月的《地热能开发利用“十三五”规划》、2017年6月的《节水型社会建设“十三五”规划》、2018年12月的《建立市场化、多元化生态保护补偿机制行动计划的通知》、2019年4月的《关于构建市场导向的绿色技术创新体系的指导意见》等，大力推动可持续发展，促进经济发展方式转型。

工业和信息化部于2016年6月印发了《工业绿色发展规划（2016—2020年）》，提到推动绿色增长、实施绿色新政是全球主要经济体的共同选择，资源能源利用效率已成为衡量国家制造业竞争力的重要因素，推进绿色发展是提升国际竞争力的必然途径。2016年9月，工业和信息化部印发了《绿色制造工程实施指南（2016—2020）》，提出以实施绿色制造工程为牵引，全面推行绿色制造，以缓解当前资源环境“瓶颈”的约束，加快培育新的经济增长点，绿色制造体系的建立对加快转变经济发展方式、推动工业转型升级、提升制造业国际竞争力具有深远历史意义。同月，《工业和信息化部办公厅关于开展绿色制造体系建设的通知》提出，以绿色工厂、绿色产品、绿色园区、绿色供应链为绿色制造体系的主要内容，建立高效、清洁、低碳、循环的绿色制造体系。2017年5月，工业和信息化部印发了《工业节能与绿色标准化行动计划（2017—2019年）》，通过不断加大标准的制定、宣贯和监督检查工作力度，以期充分发挥标准化对工业节能与绿色发展的支撑和引领作用。工业和信息化部还联合其他单位印发了相关引导文件，包括 2016 年 9 月的《绿色制造标准体系建设指南》、2016 年 11 月的《关于组织开展 2016 年绿色制造系统集成工作的通知》、2017 年 1 月的《关于加快推进再生资源产业发展的指导意见》等，着力引导可持续发展。

其他部委也相继出台了引导与支持性政策，同时加大了监督管理考核力度。如 2015 年 5 月，国家能源局印发了《煤炭清洁高效利用行动计划(2015—2020 年)》；2016 年 12 月，住建部、环保部印发了《全国城市生态保护与建设规划（2015—2020 年）》；2017 年 4 月，环保部发布了《国家环境基准管理办法（试行）》，农业部印发了《重点流域农业面源污染综合治理示范工程建设规划（2016—2020 年）》；2017 年 5 月，环保部、外交部、国家发展改革委、商务部联合发布《关于推进绿色“一带一路”建设的指导意见》；2017 年 7 月，国土资源部印发《自然保护区内矿业权清理工作方案》，国家能源局发布《关于可再生能源发展“十三五”规划实施的指导意见》等。一系列密集文件旨在加强生态保护，严格治理及改善被污染环境。2018 年 1 月，环保部印发了《排污许可证管理暂行规定》，明确了排污者责任，强调守法激励、违法惩戒，规定了企业承诺、自行监测、台账记录、执行报告、信息公开 5 项制度，让排放数据有据可查，排放行为有章可循，排放违规依法处罚。

近几年，国家不断以“首次”“最大规模”等重拳，检查、治理、问责无视生态环境保护的行为。2015 年 7 月，十八届中央全面深化改革领导小组第十四次会议审议通过《环境保护督察方案（试行）》，对建立中央环保督察制度作出明确部署。2016 年 2 月，国务院成立环境保护督察工作领导小组，成员由中央组织部、国家发展改革委等多个部门组成。环保督查工作从河北开始，至今先后启动了 4 批约 30 个督察组对各省区市开展环境保护督查工作。

“绿盾 2017”国家级自然保护区监督检查专项行动，是首次由七部门联合开展的国家级自然保护区监督检查专项行动，首次实现对 446 处国家级自然保护区全覆盖，处理了 20800 多个涉及自然保护区的问题线索，关停取缔企业 2460 多家，强制拆除 590 多万平方米建筑设施，问责了 1100 多名党政干部，清理了一批部门政策文件，废止了地方性法律法规 12 部，修订了 51 部，新制定颁布 20 余部。

2017 年，原环保部针对京津冀及周边区域“2+26”个城市进行大气污染防治强化督查，是有史以来国家层面直接组织的最大规模环境保护行动，从七个方面对工业企业环境违法问题集中、大气污染防治工作整体推进不力的城市，进行挂牌督办或公开约谈，发挥督查震慑作用。2018 年，大气污染督查覆盖区域在 2017 年的基础上增加了汾渭平原的 11 个城市。

此外，中国塞罕坝林场建设者获得了联合国环境规划署颁发的“地球卫士奖”。1962 年以来，三代人用 55 年时间创造了一个奇迹——建设了 112 万亩人工林海，森林覆盖率达到 80%，每年可涵养水源、净化水质 1.37 亿立方米，固碳 74.7 万吨，释放氧气 54.5 万吨，提供的生态服务价值超过 120 亿元，生态效益显著。塞罕坝为全世界提供了一个生动完整的案例：只要方法得当，只要忠于目标，荒漠变森林，黄沙变金山。事实告诉我们，重发展、轻环保的思想是不可持续的。

1.2.3 各地政府积极出台企业可持续发展鼓励政策

可持续发展不是一朝一夕之事，也不是一企一方之事，而是一项巨大的社会工程，只有在全社会形成普遍认同的基础之上才能得以改善与推动，是各方充分发挥主体作用的综合成果。自中央提出“坚持节约资源和保护环境的基本国策，像对待生命一样对待生态环境”，地方政府积极响应，各省区市相继出台了符合自身发展阶段与特点的办法。

以 2018 年我国经济总量排名前三的省份为例。2018 年，广东省先后印发了《广东省人民政府办公厅关于成立推进深圳市国家可持续发展议程创新示范区建设工作领导小组的通知》《广东省人民政府办公厅关于印发推动广东工业投资可持续发展行动计划（2018—2020年）的通知》等文件，提出要进一步优化工业投资结构，加快推进新一代信息技术、高端装备制造、绿色低碳、生物医药、数字经济、新材料、海洋经济等战略性新兴产业项目建设，不断提高先进制造业和高技术产业投资占比，并明确提出，2018—2020年广东省工业技术改造投资年均增长约12%的目标。同年，深圳市盐田区在联合国“第九届世界城市论坛”上成为中国首批入选“SUC国际可持续发展示范区”的三家中的一员。盐田区在总结经验时提到了“四个坚持”：坚持“理念为先”，科学绘就绿色发展蓝图；坚持“创新为魂”，积极探索生态文明新路；坚持“治理为重”，不断改善生态环境质量；坚持“监管为器”，保持环保执法高压态势。①

江苏省密集出台了各类有关绿色发展、生态文明、可持续发展的政策指导文件及工作方案。2016年，江苏省政府印发了《省政府关于深入推进全省化工行业转型发展的实施意见》（以下简称《意见》），文件开篇就指出，江苏省的化学工业经济总量位居全国前列，已成为全省经济发展的支柱产业之一，但整体上仍存在部分产品同质化、低端化，产业布局不合理，安全环保问题突出，自主创新体系不完善等问题。《意见》旨在贯彻落实《国务院办公厅关于石化产业调结构促转型增效益的指导意见》（国办发〔2016〕57号）精神，促进江苏化工行业转型发展、迈向产业链中高端。2018年，江苏省政府密集印发了《省政府办公厅关于印发江苏省内河港口布局规划（2017—2035年）的通知》《省政府办公厅关于印发全省沿海化工园区（集中区）整治工作方案的通知》《省政府办公厅关于加快推进省太湖流域生态农业建设的意见》等多个与保护水资源相关的政策文

① 资料来源：广东省政府网站（http://www.gd.gov.cn/gdywdt/dczl/gcls/content/post_379689.html）。

件，同时出台了一系列农业可持续发展、农产品质量安全、耕地轮作等具体的促进农业绿色发展的实施方案。

山东省密集出台了对海洋经济、智慧农业、农业“新六产”等的指导意见，同时印发了《山东省生态环境损害赔偿制度改革实施方案》《关于加快七大高耗能行业高质量发展的实施方案》《关于进一步加强山石资源开发管理的意见》《山东省装备制造业转型升级实施方案》等绿色制造、产业转型升级方面的规划和意见。2018 年，山东省从 7 个方面，共 56 项评价指标，对 17 个市上一年度生态文明建设总体情况开展了生态文明建设目标考核评价，这是首个以省为单位的绿色发展指标体系。

综上所述，可持续发展理念已成为我国走新型工业化道路、调整优化经济结构、转变经济发展方式的重要动力，成为推动中国经济发展转型升级的有力支撑。特别是党的十八届五中全会提出的“创新、协调、绿色、开放、共享”五大新发展理念，为我国经济、社会、环境的和谐发展指明了方向。国务院、各部委、各级政府高度重视可持续发展理念，将其切实融入我国经济发展的各个领域和工商企业，相继印发了一系列推动我国经济转型升级和引导、规范、鼓励企业可持续发展的政策措施。这些措施越来越聚焦，为企业将绿色低碳发展理念融入公司战略和生产经营全过程指明了方向。

1.3　我国企业可持续发展现状、差距与努力方向

随着经济社会的进步，企业“社会人”“生态人”的属性逐渐显现，企业价值逐步由单一经济价值转向生态、责任、健康、共赢等综合平衡价值。企业在生产、经营、销售及产品回收等一系列活动中，在所涉及的环境、资源、健康和安全等方面的表现与成果，日益成为一种公认的综合竞争优势。消费者开始关注企业在设计制造产品时是否使用了对环境破坏较

小的新工艺、新材料或新技术，产品使用后是否会对环境与社会产生二次污染。提供对环境影响更少、生态足迹影响更小的产品与服务，也逐渐成为领先企业倡导的，带动绿色消费、履行社会公民责任、实现企业可持续发展的趋势。我国企业数量庞大，企业规模、所处行业及发展阶段各不相同，企业的发展水平与经营理念有较大差异，情况十分复杂。但是经过多年的努力，我国企业在可持续发展方面的进步与努力也不容忽视。

1.3.1 我国企业可持续发展取得显著进步

（1）从事可再生能源的企业数量及规模有较快增长

“十二五”期间，我国可再生能源行业成为能源革命的主力军和新兴产业的重要增长点。以光伏为例，对太阳能的利用已逐步产业化、规模化，这为我国一些地区改善能源结构、节约能源成本、建设综合清洁能源体系提供了技术与运营支撑。2013 年，中国已成为全球最大的新增光伏应用市场。2018 年中国企业 500 强榜单中包括了 3 家光伏企业与 2 家动力电池企业。

（2）循环经济已成为企业可持续发展的热点

资源循环利用产业也实现了快速发展。电器电子产品及钢铁、有色金属的回收利用量均呈现增长态势。更多企业实现了水资源有效循环利用，极大地减少了对新鲜水的消耗，减少了水资源的浪费和污水排放量。大中型企业基本完成了低温余热发电系统建设，提高了能源使用效率，节约了企业的能源成本，增强了企业竞争力。有条件的企业实施了废弃物综合利用改造，曾经的废料转变成生产资料，实现了工艺创新与价值创造双目标。

（3）生活垃圾协同处置取得新进展

国际上，水泥窑协同处置废物技术开始于 20 世纪 70 年代。我国水泥窑协同处置生活垃圾技术推广至今，有少数领先企业开展了此项工作，占我国水泥生产线的比重不足5%。但在领先企业的带动下，面对高质量发展对生活垃圾处理的新要求，协同处置将得到进一步推广与应用。以华新水泥为例，华新水泥研发的水泥窑协同处置废弃物技术，收集生活垃圾和城市市政淤泥等垃圾作为水泥生产的替代燃料和原料配料，以此解决其他处置技术无法根除的二噁英、呋喃污染问题，成功开发出具有自主知识产权的废弃物预处理及水泥窑协同处置技术，开展了城市生活垃圾、市政污泥、水面漂浮物、危险废物、污染土、工业废弃物等环保处置业务，取得了15类危险废物的处置经营许可，获得了50多项国家发明和技术专利。

（4）解决绿色制造中的关键工艺与技术难题是企业升级的新动能

在绿色制造过程中，企业对关键工艺和装备的创新应用，提高了关键工艺流程与工序环节的绿色化程度，制定了绿色关键工艺标准，成为推动我国企业升级的新动能。在政策引导下，企业加强了对绿色制造共性技术的研究，建成了一批具有示范引领作用的绿色应用工程。兵器工业集团制定了行业典型产品热处理工艺能耗限额标准，形成了一套有效的热处理工艺能耗指标控制体系，通过对能耗控制系统的不断更新改造，持续降低了热处理工艺的能耗。

（5）绿色园区引进更负责任的产业集群与企业

绿色园区是指积极采用清洁生产技术，利用无害或低害的新工艺、新技术，大力降低原材料和能源消耗，实现“少投入、高产出、低污染”，尽可能在生产过程中减少排放物对环境的影响，是可持续发展理念在产业园区及服务生产企业的具体应用。通过绿色园区的建设及升级改造，有利于推动企业提前规划，统筹兼顾，真正实现聚集效应。

1.3.2　我国企业可持续发展仍有诸多制约因素

随着政府、公众、企业对可持续发展理念的认识不断加强，政府出台了更多引导政策，公众也开始从多角度重新审视企业。在受到多重制约的同时，企业也意识到转变发展方式的重要性与迫切性。近几年，随着我国企业国际化程度的提高，我国大型企业的可持续发展水平取得了长足进步，但仍存在诸多限制性因素。

（1）政策法规执行标准不一致影响了实际效果

可持续发展既是高级阶段发展的内生动力，也是外部宏观环境的现实要求；既是市场需求消费升级的表现形式，也是法律法规、金融资本、行业规范等共同约束与强监管的努力目标。首先，我国钢铁、石化等高耗能、高污染行业的能耗指标体系相对完善，但其约束性指标调整频率较低，制定标准相对滞后，不能有效支撑我国支柱性产业结构调整与转型升级的需要。

其次，各地区之间政策实际执行标准差异较大。各地仍存在“大干快上”、透支发展现象。特别是在招商引资过程中，仍有放宽环保执法力度等现象，人为导致不同地区资源环境成本的不公平，变相纵容了企业的趋利性。这使得企业难以获得绿色新技术带来的竞争优势，造成了“劣币驱逐良币”的恶果。

最后，生产要素价格机制改革滞后。我国的环境指标及监管执法标准差异较大，主观干扰因素较多，环境依赖型企业的资源环境使用成本不能被真实反映，极大地降低了企业主动提高资源使用效率、提供环境友好型产品与服务的意愿与动力，这在我国煤炭资源富集区表现得尤为突出。2009 年前后我国煤炭价格高企，煤炭企业的暴利给社会造成了错误的价值观引导。无序的煤炭开采行为严重违背了“有序开采，适度开发”的原则，破坏了我国的自然环境，助长了无视环境压力的不正之风，也削弱了我国主要能源对经济发展的支撑作用。

（2）配套产业与技术发展相对滞后

我国虽然是制造业大国，但制造业长期处于产业链末端，仍属于低端制造业范畴，转型升级需要一个较长的过程。目前，我国企业的可持续发展仍缺乏一套相对完整有序、能够与之相配的上下游产业作支撑。产业链上的关键配套企业普遍规模较小、技术迭代速度较慢，真正的核心技术仍然掌握在发达国家企业手中，高精尖的关键设备仍依赖进口。由此可见，我国企业的可持续发展仍需进一步提高领军企业的带动作用，加强自主研发创新能力，生产工艺、设备性能、使用效率等方面仍是企业实现可持续发展的重要内容。截至目前，支撑我国可持续发展的社会公共服务体系仍不健全、基础共性技术研究与有效基础数据不足、各种统计口径与标准不统一，难以实现基础性、有针对性的深入研究与对比分析。

（3）经济下行压力加大了可持续发展的推进难度

我国企业总体上处于价值链中低端，随着劳动力成本优势不断减弱，加之部分工业行业产能过剩现象严重，经济下行压力较大，企业盈利能力受到很大影响。当前，制造业产品价格和行业利润普遍处于低位，并呈现下滑趋势，导致很多企业面临短期生存与长期发展的两难选择，企业投资节能环保领域的能力被削弱、意愿不强。从具体行业来看，钢铁、建材、石化、有色、造纸等资本密集型行业受经济周期波动影响较大，企业效益下滑较为明显，而这些行业恰恰又是推进可持续发展的重点领域。

综上所述，企业的可持续发展是经济可持续发展的重要表现形式，是经济效益与社会效益、短期利益与长远发展的平衡。可持续发展是企业在守法合规的基础上主动追求的高级发展模式，政府制定的政策法规与执行标准反映了企业竞争的公平性、功利性与政府的引导方向。当监管部门与生产经营地域不同导致企业违法成本出现差异时，竞争的外部公平性就受到了极大破坏。全面实施市场准入负面清单制度、清理废除妨碍统一市场和公平竞争的各种规定和做法，就是为了修正行政手段制约市场自律与均衡发展的反向作用，在经济保持中高速发展的同时，引导、带动、促进政府与企业共同转向高质量发展。

1.3.3 我国企业的可持续发展方面与国际社会的差距

无论是发达国家还是发展中国家，经济贸易活动的目的不外乎提高人类生存概率与生活质量。当生活水平提高到一定程度时，人们的关注点自然会转变到资源环境、健康安全、产品友好等方面，在选择产品或服务时更加关注企业的隐性因素与投入。这些隐性因素包含在生产与服务过程中的各环节，如守法合规、生产经营环境、企业员工职业发展与健康水平、安全意识与管理能力、与所在地社区的关系等方面。今天，这些隐性投入已经成为一种显性竞争优势。企业的发展必须尽快认识与迎合消费升级的大趋势，转变粗放的生产方式及“先污染后治理”的观念，创新生产工艺及淘汰落后技术，不断提高技术含量与研发投入。

（1）理念差距

企业是实践可持续发展的主体，更是我国经济可持续发展的“名片”。企业对可持续发展理念的认识程度决定了可持续发展水平。改革开放以来，我国企业在生产规模、技术进步、科学管理等方面都取得了长足进步，形成了一批具有国际竞争力的领先企业，进入世界 500 强的企业数量逐渐增多。综观世界 500 强榜单，国际大型企业均在努力提升可持续发展能力。我国大型企业要想与之同台竞争，对可持续发展理念的认知亟须强化与提高。

长久以来，企业普遍将可持续发展视为外界强压的一种负担。有些已经获得 ISO 14000 环境管理体系认证的企业，也没有真正认识到可持续发展的重要性与价值，在产品开发和生产过程中也没有将认证的核心思想融入进去，使环境管理认证仍停留在纸面上。

近几十年来，我国经济的高速增长导致我国资源压力、环境压力越来越大，导致资源枯竭、环境恶化。发达国家设置了诸多障碍，其中绿色贸易壁垒的出现直接打击了我国部分出口企业。如欧盟 ROHS 和 WEEE 两项指令所涉及的产品包括家用电器、IT 和通信设备、照明设备、电气电子工具、医疗设备类等 10 大类、近 20 万个品种。

对此，中国企业开始寻求对策，绿色制造成为专家、学者、政府众推的可行之道。实际上，大多数企业并没有从生存发展的角度认识到绿色发展、可持续发展的必要性与迫切性。受到贸易壁垒影响的企业因没有配套产业支持、缺乏与国际接轨的政策标准等综合因素，难以实施真正的转型发展。没有受到直接冲击的企业缺乏危机意识，不能及时调整发展战略、转变发展思路，不利于我国经济与企业的可持续发展。

放眼全球，发达国家及企业由于早就经历了几十年的污染治理之路，政府与公众对环境与可持续发展的要求非常明确与严苛，以立法的形式对企业诸多行为进行限制。因此，发达国家领导企业正将绿色发展、可持续发展融入企业生产经营活动中，同时披露了其制定的与可持续发展相关的绿色战略、实践路径及各种相关指标。如德国的西门子、日本的丰田和日立、美国的福特集团等，都对其可持续发展战略进行了较为详细的表述。

认识是实施的前提，主观能动性才是转变生产方式、实现高质量发展的核心力量。企业应深入探讨可持续发展理念，加强对可持续发展的理解与认识，深度理解各利益相关方的诉求，积极应对并带动消费升级，主动迎合经济发展、自然资源、社会环境对可持续发展的要求，将可持续发展理念融入企业生产经营和商业活动中，明确实施路径与方法，建立内部检查与纠偏机制，打造阳光健康企业。

（2）*路径差距*

企业往往偏重眼前利益，以短期利益调整经营行为，缺乏从可持续发展角度出发的长远规划。我国企业经历了多轮改革，从企业承担部分政府公共职能，到企业剥离非主营业务，到企业履行社会责任，再到企业以可持续发展的视角重新审视企业的生产经营。我国企业的可持续发展在统筹规划、源头预防、全过程管理的理论研究与实践能力上都与发达国家企业有较大差距。“英国雾都”“德国莱茵河治理”等国际环境污染事件仍没有引起我们的足够重视与警惕。

与国际接轨已成为我国经济与企业发展的新时尚，而国际新规则、新规范的不断出台，也使我国企业疲于学习与应对。实事求是地讲，我国企业仍然沿着国际企业发展的老路，在这个过程中仅有极少数充分参与市场竞争的大型企业吸取了教训，及时修正发展路径，提前导入可持续发展理念，使用新工艺减少环境损害，加强技术研发提高资源使用效率，科学管理增强综合收益。但绝大多数企业仍处于发展的初级阶段，缺乏相关基础领域的技术积累，内生动力较弱，只能被动应对国际新规则、新规范。这种既没有先发优势，又缺乏后发优势的战术，使得我国企业在国际规则、规范的制定过程中没有话语权，只能按发达国家企业的标准参与竞争。这不仅与我国世界制造业大国的地位极不匹配，更不利于营造符合我国企业发展阶段与特点的发展环境。

（3）能力差距

从历史上看，“重速度轻质量，重规模轻效益，重蛮干轻沟通”是我国企业发展过程中的阶段性特点。随着经济开放与融合的加深，企业的发展能力也要变得多元化与综合化。特别是我国与国际社会沟通方式与理解的差异，给我国企业发展带来了诸多不便。今天的企业面对着更加复杂多变与多维立体的发展环境。不仅需要企业提供能够满足日常需求的产品与服务，更要求企业提供有利于人类繁衍生息、地球长久存在的产品与服务；不仅要求企业能做好，更要求企业能公开、透明；要求企业做好与各利益相关方和国际社会的友好沟通，提高沟通技巧与能力，减少因认知偏差造成的不必要麻烦与纠纷，赢得良好的沟通基础。

“干中学”是我国企业的一个重要特点和竞争优势。但我国大多数企业在技术研发积累与能力、创新动力与环境、科学管理方法等方面和国际先进水平差距明显，缺少支持可持续发展的配套产业与技术，缺乏可直接用于绿色产品研发、生产和管理的工具，给践行可持续发展造成了技术与管理困难。现阶段，我国已有少量新兴企业从事绿色加工、拆卸性设计、产品生命周期评估、绿色回收处理等方面的技术研究与商业服务，但其应用场景仍有待深入与扩展。

主观能动性是改造客观世界的动力，但客观环境限制着主观能动性的发挥。主观认识的缺失导致经济发展不仅不能按符合发展规律的轨道前进，反而会停滞甚至偏离应有的发展轨道，走弯路、进入死胡同。世界银行研究表明，环境保护如果仅依靠市场，只能解决 20% 的问题。绿色发展更多要靠政府的鼓励、引导与监管，政府这只“有形之手”要发挥非常大的作用。

综上所述，我们要正视现阶段我国企业可持续发展的不足，引导企业树立正确的理念，不断探索与调整可行的实施路径，持续加强与完善综合发展能力，以高质量发展为目标，补短板、练内功、强体魄，最终实现我国经济与企业的可持续发展。

1.3.4 中国企业可持续发展的努力方向

政府部门对我国企业与国际先进水平在可持续发展方面的差距已有了清醒认识，并结合实际情况出台了一系列推动措施，我国企业应借政策之东风，找准努力提升的方向，扭转危及企业生存和发展的粗放型生产方式，提升改革和创新能力，形成良好的内部成长机制。

中国企业联合会的一项调查显示，“十三五”以来，企业节能减排工作的水平与质量有了进一步提升，经济环境与各项调控政策总体来看有利于企业进一步开展节能减排，深入贯彻可持续发展理念已成为我国走新型工业化道路、调整优化经济结构、转变经济发展方式的重要动力，成为推动中国经济发展转型升级的有力支撑。政策推动企业可持续发展的效果比较明显，统计显示，各项政策中有效性位列前三的是：①政府部门趋严的能耗标准、污染物排放标准；②政府部门对企业节能减排项目、工程的补贴资金；③政府部门对企业节能减排工作的执法检查与督查力度。

经过多年的努力，我国企业在可持续发展方面的进步是不容忽视的。提供对环境影响更少、生态足迹影响更小的产品与服务，逐渐成为领先企业倡导的，带动可持续消费、履行社会责任的主要内容。但我国企业数量庞大，规模、所处行业及发展阶段不同，可持续发展水平差异仍然较大。

（1）充分认识可持续发展的必要性和紧迫性

全球可持续发展目标的提出与应对气候变化的共同行动说明，可持续发展已成为全球领袖和企业的共识。我国政府高度重视生态文明建设与可持续发展，将包括节约资源、保护环境在内的生态文明体制改革提到国家战略的高度，并对企业提出了严格的考核机制与强制性要求。

企业做强做优必须充分认识到可持续发展的必要性和紧迫性，尽快适应可持续发展新趋势并融入其中。一要积极学习国内国际公认的标准和指导原则，加强对经济、环境和社会可持续发展要求的理解；二要深入学习已成功转型企业的先进理念与成长路径；三要主动将有效的、符合中国国情的理念融入日常生产经营活动中；四要积极贯彻国家绿色规划中的能效提升工程、绿色清洁生产推进工程、能源高效循环利用工程、工业低碳发展工程、绿色制造体系创建工程五大工程；五要推动互联网与绿色制造融合发展，提升能源、资源、环境智慧化管理水平，推进生产要素资源共享，提高绿色制造数字化程度。

（2）强化企业现代化管理理念

提升企业可持续发展能力，必须将可持续发展理念融入企业日常生产经营和商业活动中，通过提升企业综合管理水平打造企业竞争优势。在实践中既要注重提升自身的水平，也要注重联合相关企业适时推进可持续发展标准制定，固化发展优势，提高竞争门槛。企业内部管理系统改造和先进管理工具的使用是有效实现可持续发展的重要抓手，通过对标管理等管理工具，努力查找差距并总结管理经验教训，始终以科学的管理理念优化流程、提高管理效率，增强可持续发展能力。

企业应把握好推进可持续发展的历史机遇期，苦练内功，强化企业实力，持续提高转型能力与科技创新能力；提升企业活力，灵活体制机制，激发员工创造力；发挥企业魅力，维护企业与社会、自然、员工及主要利益相关者之间的平衡关系。

（3）主动引领可持续发展

我国可持续发展还存在许多困难和障碍。从宏观上看，政策法规标准不统一、要素市场价格改革滞后、配套产业和技术发展不足、宏观经济下行等因素还会在一定时期内存在；从微观上看，企业对绿色发展的认识仍不到位、对可持续发展的成本和收益难以权衡、技术积累与应对新规则的能力薄弱等因素仍将制约可持续发展。与国际先进企业相比，我国企业在可持续发展思想理念、实践方法和工具、能力和行动上均存在差距。

可持续发展是企业长期发展必须考虑的核心问题，提升可持续发展水平不可能一蹴而就，必须着眼长远、系统谋划、统筹推进，在动态中不断改进提高。行业领军企业应与其他重点企业、上下游企业、第三方非政府组织以及研究机构组成联合体，共同制定实施综合性可持续发展团体指标，逐步形成推动可持续发展的长效机制。主动提高可持续发展理念认知，升级产品与服务，努力落实可持续发展规划，积极分享企业实践成果与路径。坚定实践绿色发展，注重构建可持续发展标准，逐步建立可持续发展思维。

1.4　可持续发展指数工作重要意义

中国企业可持续发展指数工作以可持续发展相关理论与现阶段中国出台的可持续发展相关政策为基础，全方位、立体比较了全球、国家及企业层面现有的可持续发展指标体系，构建了一套符合中国特点与中国国情的可持续发展指标体系，具有重大的理论和现实指导意义。

1.4.1　中国企业可持续发展指数初心

可持续发展是联合国关注的重要议题之一，可持续发展目标旨在从2015年到2030年，以综合方式彻底解决社会、经济和环境三个维度的发展问题，转向可持续发展道路。可持续发展议题将在很长一段时间内成为各国经济发展、企业做强做优的国际标准语言。

2015年，习近平在联合国发展峰会上发表了题为《谋共同永续发展做合作共赢伙伴》的讲话，其中特别提到：中国将设立国际发展知识中心，同各国一道研究和交流适合各自国情的发展理论和发展实践。由中国可持续发展工商理事会[①]着手研究并适时推出的、以非财务信息为核心指标的中国企业可持续发展指数，不仅迎合了中国经济高质量发展的需要，顺应了社会对企业全方位辨识与价值认可的需要，更切合了中国经济绿色发展的要求和“五位一体”总体布局的需要。推动企业可持续发展，提升中国企业的综合竞争力亦是中国可持续发展工商理事会成立的初心。

① 2000年11月，中国企业联合会与世界可持续发展工商理事会（World Business Council for Sustainable Development, WBCSD）召开中外企业高级领导咨询会议，旨在促进中国可持续发展进程，提升企业在全球化中的可持续竞争力。2003年，中国可持续发展工商理事会（CBCSD）经中华人民共和国民政部批准正式成立。

1.4.2 中国企业可持续发展指数愿景与使命

2018 年中央经济工作会议指出："我国经济已由高速增长阶段转向高质量发展阶段，推动高质量发展，是保持经济持续健康发展的必然要求，也是遵循经济规律发展的必然要求。推动高质量发展是当前和今后一个时期确定发展思路、制定经济政策、实施宏观调控的根本要求，必须加快形成推动高质量发展的指标体系、政策体系、标准体系、统计体系、绩效评价、政绩考核，创建和完善制度环境，推动我国经济在实现高质量发展上不断取得新进展。"中国企业尽管面临着巨大的经济、环境、社会挑战，经历着由高速增长向高质量发展转型升级的阵痛期，但也迎来了前所未有的重要战略机遇期与推动高质量发展的动力。中国企业可持续发展指数，从可持续发展的视角立体还原中国企业发展现状，同时引导、督促企业主动从可持续发展角度内观、自省，共同总结中国企业可持续发展内涵，引导中国企业可持续发展方向，提高中国企业可持续发展能力。

中国企业可持续发展指数愿景：引导中国企业可持续发展方向，提高中国企业可持续发展能力，为中国企业可持续发展提供权威、有实际价值的指引，从而促进中国经济的可持续发展。

中国企业可持续发展指数使命：逐步推动中国企业由粗放式生产经营模式向集约型、高质量方向转变，总结适用于中国经济发展阶段的可持续发展经验，提炼有中国企业发展特点的可持续发展管理方法，推出有引领性、可借鉴的可持续发展实践成果。

1.4.3　中国企业可持续发展指数总体目标

中国企业可持续发展指数在已有18年历史的“中国企业500强”①分析成果的基础上，通过公开渠道收集整理与可持续发展相关的企业非财务信息，从竞争力、环境、社会3个维度，产品、治理、员工、环境、资源、客户、社区、政府8个方面，进行横向与纵向的深度分析，揭示中国企业可持续发展阶段特点与整体发展情况，凝练研究成果。依托自主研发搭建的中国企业可持续发展数据库，将中国企业可持续发展指数建设成为中国绿色经济与中国企业整体实力的展示平台，建设成为向世界介绍“中国创造”与“中国制造”、进一步融入世界可持续发展的沟通平台，建设成为营造有助于企业可持续发展经营环境的政策建议平台，建设成为研究中国管理理论、中国管理工具的学术交流平台。

1.4.4　中国企业可持续发展指数作用

中国企业可持续发展指数作为推动经济社会高质量发展的指标体系、绩效评价体系的重要组成部分，始终全面贯彻党的十九大精神，以习近平新时代中国特色社会主义思想为指引，坚持新发展理念，按照高质量发展的要求，努力为推动中国企业可持续发展贡献力量。

（1）中国企业可持续发展指数是中国绿色经济发展与中国企业整体实力的展示平台

目前，国内外形势正发生着深刻复杂的变化，我国发展仍处于重要战略机遇期，和平与发展仍是国际社会关注的两大重要主题，世界各国对中国市场的依赖程度不断上升，经济全球化的大趋势不可逆转。此时，中国

① 中国企业500强是中国企业联合会、中国企业家协会自2002年起，参考国际惯例推出的中国大企业排行榜，每年9月在中国500强企业高峰论坛上发布，对中国企业做强做优做大起到了积极的推动作用。

企业需要一个符合中国经济发展阶段、尊重中国企业发展规律与特点，自主搭建、能够反映中国绿色经济发展成果与中国企业可持续发展现状综合实力的展示平台。

中国企业可持续发展指数经过 3 年的扎实理论研究与数据对比分析，完善了指标的选取和体系建设，搭建了中国企业可持续发展数据平台（www.sdindex100.com），完成了首份《中国企业可持续发展指数报告》，发布了首个“中国企业可持续发展百佳榜单”，以可持续发展的角度重新审视国内企业特别是大型企业的发展路径，为全面辨识中国企业综合发展能力、反映中国经济可持续发展水平提供了展示平台，正努力成为中国绿色经济发展与中国企业可持续发展的“代言人”。

（2）中国企业可持续发展指数是记录中国企业可持续发展进程、展示中国企业可持续发展成就、进一步融入世界可持续发展的沟通平台

“大道之行也，天下为公。”坚持绿色、低碳、循环与可持续发展道路，是国际社会关注与践行的主要方向。此时，中国更需要一个清楚中国经济发展阶段、了解中国企业发展特点与现状、真实记录和反映中国可持续发展进程、与国际社会有对话基础的沟通平台。

中国企业可持续发展指数根植于中国情境、参考国际经验、与可持续发展前沿接轨，始终坚持“以我为主，博采众长，融合提炼，自成一家”[①]的管理思想，引领与推动了优秀企业持续进步，展示了中国先进企业可持续发展路径与成果，督促与鞭策了良好企业持续对标；为中国企业与国际企业交流提供统一语言、标准与依据，为中国有理、有据、有节地向世界介绍“中国创造”与“中国制造”，融入世界可持续发展大舞台搭建了国

① 1993 年，袁宝华在反复调研的基础上，创造性地提出“以我为主，博采众长，融合提炼，自成一家”的管理思想，后被确认为创新中国企业管理的“十六字方针”。实践证明“十六字方针”是助力中国企业实现快速发展，突破发展“瓶颈”，全面提升企业管理效率的科学管理思想。

际沟通平台，努力成为中国企业在国际舞台提高影响力的坚实后盾。

（3）中国企业可持续发展指数是有助于推动企业可持续发展的政策建议平台

落实2030年可持续发展议程，树立可持续发展理念，是我国政府的公开承诺，也是生态文明建设的重要内容。

中国企业可持续发展指数以可持续发展理念为纲，让企业跳出财务数据重新进行内观与对标，深化我国企业可持续发展内涵与外延，引导企业可持续发展逐步由被动接受指令转向主动追求，提升企业科学管理水平，提高企业可持续发展能力。通过企业纵向数据对比分析，成为相关部门指引方向、制定政策的好帮手，成为相关部门奖惩措施实施效果验证的助手，成为中国企业与指导部门交流的桥梁。

（4）中国企业可持续发展指数是研究中国管理理论、中国管理工具的学术交流平台

中国企业可持续发展指数通过逐步完善的指标体系，与自主研发搭建的中国企业可持续发展数据平台，有重点地为中国经济可持续发展提供有理有据的交流基础，为中国高等院校及科研机构开展中国企业管理研究提供必要的数据服务，为中国企业高质量发展提供可比的、可借鉴的、科学的、客观的分析与实践成果，为中国企业完善可持续发展理念、制定可持续发展战略、梳理可持续发展路径提供专项建议，加强更广泛利益相关方对中国企业的熟悉与认可，提高外界对中国企业的接受程度。

2　可持续发展指数的构建

2.1　指数研究的发起与设立

中国企业可持续发展指数研究工作筹划半年之久，于 2016 年下半年正式启动，按第一个“五年发展规划”分阶段、分步骤稳扎稳打、步步为营。

2.1.1　触动与责任——中国企业可持续发展指数萌芽

是唯利润最大化，还是优化利润并承担与企业生存发展息息相关的社会责任，这个议题已经争论了近百年。学术界和企业界对企业社会责任的内涵、承担企业社会责任的动因和履行社会责任的结果进行了反反复复的讨论，不同时期不同的代表人与代表观点，充分体现了时代的特点和要求。

2008 年年初，国务院国资委下发 1 号文件——《关于中央企业履行社会责任的指导意见》。文件首次对中央企业履行社会责任提出了明确的指引，推动了中央企业建立社会责任工作和管理体系，在努力提升中央企业履行社会责任的工作水平的同时，要求全部中央企业在 2017 年前定期发布企业社会责任报告或可持续发展报告。这一文件也被称作中央企业社会责任“集结号”。

在企业社会责任管理工作开展初期，常常会被问到“企业应该承担哪些社会责任？社会责任与企业绩效之间的矛盾关系如何解决？企业履责成果与披露的界限是什么？”等问题。这些问题的根源是如何引导企业履行社会责任，如何回应各利益相关者的诉求。企业承担的社会责任与企业生存的外部、内部环境息息相关，与企业融入时代的要求息息相关，与企业可持续发展息息相关。

2008 年的中国奶制品污染事件，不仅给消费者的健康和生命造成了无法挽回的损失，还重创了“中国制造”的商品信誉。如果企业不重视产品质量、不重视安全生产、不重视企业管理，不能够平衡眼前利益与长远利益之间的关系，那么“一个事件导致一个企业消失”的悲剧就会不断上演。

众所周知，企业社会责任与可持续发展的内涵有诸多相似之处，但从外延来看，企业社会责任只是可持续发展的阶段性高地，只有坚持可持续发展理念、从可持续发展角度经营企业才能打造“百年老店”。

2008 年央企社会责任“集结号”开启了中国企业社会责任管理工作的崭新篇章。历时八载，2016 年，中国企业应继续提升内生动力，从企业社会责任转向可持续发展视角，不断提高发展质量与综合竞争力。越来越多的中国企业迫不及待地走向国际舞台，而事实证明，国际化不是简单的资本交易，而是由内生动力推动的必然发展路径。

中国企业向谁对标、如何对标？套用现有的国际综合标准显然是不理智也是不公平的。中国经济有其自身发展历史与阶段性特点，中国企业是中国经济的有力支撑，有其自身发展规律与生命周期。中国企业的集约型经营、高质量发展应有一套理解中国经济发展规律，理解中国企业发展脉络，既符合国际可持续发展大趋势、大潮流，又能从中国经济与中国企业实际出发，自主研究总结的指标体系，引领与带动中国企业整体向可持续发展方向转变。

2.1.2 建议与推进——中国企业可持续发展指数借势

2010年11月1日，国际标准化组织在瑞士日内瓦国际会议中心正式发布了社会责任指南标准（ISO 26000），成为社会责任领域一项非常重要的标准和成果。2015年在巴黎召开的气候峰会，被看作人类应对气候变化合作进程中的关键节点，受到全球高度关注。

2016年9月，我国率先发布了《中国落实2030年可持续发展议程国别方案》，把节约资源和保护环境确立为基本国策，把可持续发展确立为国家战略，同时深度参与全球环境治理，增强我国在全球环境治理体系中的话语权和影响力，积极引导国际秩序变革方向，形成世界环境保护和可持续发展的解决方案。

由此可见，可持续发展不仅备受国际关注，而且是我国政府高度重视的发展议题之一。

中国可持续发展指数依托自主研发搭建的中国企业可持续发展数据平台完成数据收集与整理工作。该平台具备三个核心作用：一是数据采集与管理。自主捕捉公开数据与企业自行在线填报等方式相结合。二是数据分析与呈现。基于数据库基础数据进行多维度分析、可视化展示，能够纵向、横向反映企业的可持续发展现状。三是信息门户。官方发布中国企业可持续发展指数年度报告、研究成果和指标体系动态数据，汇集与可持续发展相关的多类型数据，实现中国企业可持续发展信息的传播交流。该数据平台不仅能够实现数据采集、数据录入、数据审核、企业数据分析、综合数据分析等功能，还能在线完成单一企业可持续发展指数测评，反映该企业在中国企业可持续发展整体水平中所处的位置及努力方向。数据平台的开发建设专注于企业可持续发展内容，专业性与实用性较强，是企业可持续发展成果展示平台、企业间学习交流平台、企业可持续发展综合服务平台。

2017 年 9 月，中国可持续发展工商理事会在中国 500 强企业高峰论坛上发布了首份《中国企业可持续发展指数研究报告》，从可持续发展的角度重新审视中国企业特别是大型企业的发展路径，全面辨识中国企业综合发展能力。该报告界定了“企业可持续发展”概念，系统梳理了国内外可持续发展相关理论及我国可持续发展相关政策法规，总结了国内外与可持续发展、企业社会责任相关的指标体系及应用成果，提出了中国企业可持续发展指数工作指导原则。该报告根植于中国经济发展阶段，结合中国企业实际发展规律与特点，使用国际通用语言，建立了适用于中国企业的科学、普适且基于非财务数据的中国企业可持续发展指标体系，是第一份以中国企业为主要研究对象、立足于可持续发展、反映中国企业可持续发展现状的综合研究报告。

2.1.3 雏形与发展——中国企业可持续发展指数担当

中国经济始终处于不断变化发展的进程中，发展环境在变，发展条件在变，发展理念也在变。树立绿色发展理念，就必须坚持节约资源和保护环境的基本国策，坚持可持续发展，坚定走生产发展、生活富裕、生态良好的文明发展道路，加快建设资源节约型、环境友好型社会，形成人与自然和谐发展的现代化建设新格局。① 当今时代，国际社会对人与自然和谐共存提出了更高要求，人类发展不能再以无限制地牺牲资源环境为代价，而是必须尊重自然、顺应自然、保护自然。企业的生产经营就是有组织、有目标地解决好人与自然、人与社会和谐发展之间的关系。

有担当才会有变革，推动变革需要更大的担当，有多大担当才能干多大事业，尽多大责任才会有多大成就。历史从不眷顾因循守旧、满足现状者，机遇属于勇于创新、永不自满者，正所谓“苟日新，日日新，又日

① 习近平．关于《中共中央关于制定国民经济和社会发展第十三个五年规划的建议》的说明［EB/OL］．人民网，［2015-11-03］http://jhsjk.people.cn/article/27772663.

新”。中国企业可持续发展指数工作始终以提升中国企业在全球化中的可持续竞争力为使命，为推动中国企业可持续发展而努力。

在 2017 年发布的《中国企业可持续发展指数研究报告》的基础上，中国企业可持续发展指数工作组不断完善指标体系，加紧开发建设数据平台。2018 年 4 月，中国可持续发展工商理事会在中国可持续发展新趋势年会上，介绍了中国企业可持续发展数据平台搭建进展，以及自主收集企业公开资料、获取有效数据的信息分析工作，发布了《中国企业可持续发展指数阶段报告》。该报告以 80 家大型企业的 3 年有效非财务信息作为数据基础，深入分析了企业在竞争力、资源环境和社会 3 个维度的现状，归纳了共性特征、突出优势和努力方向，提出了 5 项重要结论，形成了对中国企业可持续发展现状的初步客观评价。

2018 年 9 月，在中国 500 强企业高峰论坛，中国可持续发展工商理事会正式发布了首份《中国企业可持续发展指数报告》及首个“中国企业可持续发展百佳榜单”。该报告完整阐述了中国企业可持续发展指数工作宗旨，详细介绍了中国企业可持续发展指数的理论模型、指标体系、流程方法及中国企业可持续发展数据平台，以 310 家具备有效数据的中国企业为样本，从竞争力、资源环境、社会 3 个维度，产品、治理、员工、环境、资源、客户、社区、政府 8 个方面，深度分析了中国企业可持续发展整体现状，进行了分行业对比，提出了 7 项重要结论，形成了较为全面的中国企业可持续发展现状客观评价。

2019 年 4 月，中国可持续发展工商理事会在中国可持续发展趋势年会上，发布了《中国企业可持续发展指数报告（2018）》。报告以 1073 家中国企业为样本进行了全面分析，真实地反映了中国企业 2018 年度可持续发展情况，提出了 9 项重要结论。

2.2 指数研究理论基础

“可持续发展”最早是针对全球的发展问题而提出的。随着理论的发展和应用经验的丰富，评价对象涵盖了全球、国家、企业等不同的类型与层面。国际上一些具有代表性的可持续发展指标体系或指数日臻完善并已经产生了较大影响力，成为我们开展与国际接轨的中国企业可持续发展指数研究的重要理论基础。同时，20 余年来，我国政府部门以及一些权威机构相继发布了与可持续发展相关的指标体系。这些体系均立足于中国国情，站在宏观角度，对我国可持续发展情况进行了综合评估。这些指标体系不仅可用于评估，还能反映国家政策要求和政策导向，为中国企业可持续发展指数研究提供了重要的理论支撑。

2.2.1 国际可持续发展指数研究与实践

（1）全球层面的可持续发展指标体系

① 联合国可持续发展委员会

1992 年 6 月，联合国环境与发展大会通过了《21 世纪议程》，该议程成为“世界范围内可持续发展行动计划”。1992 年 12 月，联合国大会批准成立联合国可持续发展委员会（UNCSD），由 UNCSD 负责审查《21 世纪议程》的执行进展情况。[①] 1996 年，UNCSD 结合《21 世纪议程》内容，提出了可持续发展核心指标框架。该指标框架在经济、社会、环境、机构四大系统和“驱使力—状态—响应”模型的基础上，突出环境受到的压力和环境退化之间的因果关系，为世界各国的可持续发展指标体系的制定提供了重要借鉴。

① 详见 https://www.un.org/zh/aboutun/structure/ecosoc/csd/。

② 联合国环境问题科学委员会

UNCSD 提出的可持续发展指标体系具有重要的引导作用，但是指标数目过多。因此，联合国环境问题科学委员会（SCOPE）提出了一套高度整合的可持续发展指标体系构造方法。SCOPE 认为，环境必须和人类的活动相联系，提出人类活动和环境相互作用的概念模型，即“经济（包括经济增长、存款率、收支平衡、国家债务）—社会（包括失业指数、贫困指数、居住指数、人力资本投资）—环境（包括资源净消耗、混合污染、生态系统风险 / 生命支持、对人类福利影响）”指标体系。[①]

③ 世界银行

1995 年 9 月，世界银行公布了其独立设计的可持续发展指标体系。该体系认为，可持续发展是一种产生和维持所持有财富的过程，综合了自然资本、生产资产、人力资源和社会资本 4 组要素，计算出每个国家（地区）按时值美元折算的人均财富，用于判断各国（地区）的实际财富以及可持续发展能力随时间而发生的动态变化。该体系在确定国家发展战略时，以财富作为出发点，使财富的概念超越了货币和投资的范畴，有史以来第一次以三维的方式展示了世界各国（地区）的真正财富。[②]

④ 联合国 2030 年可持续发展议程

联合国 193 个会员国在 2015 年 9 月举行的历史性首脑会议上一致通过了《2030 年可持续发展议程》(以下简称《议程》)。[③] 该议程于 2016 年 1 月 1 日正式生效。《议程》内容及范围广泛，涉及可持续发展的社会、经济和环境三个层面，以及与和平、正义和高效机构相关的重要方面。《议程》呼吁各国采取行动，为今后 15 年实现 17 项可持续发展目标而努力。这 17 项目标包括：无贫穷，零饥饿，良好健康与福祉，优质教育，性别

① 叶文虎，仝川 . 联合国可持续发展指标体系述评［J］. 中国人口・资源与环境，1997（3）.

② 王海燕 . 论世界银行衡量可持续发展的最新指标体系[J]. 中国人口·资源与环境，1996(1):39-44.

③ 详见 https://www.un.org/sustainabledevelopment/zh/。

平等，清洁饮水和卫生设施，经济适用的清洁能源，体面工作和经济增长，产业、创新和基础设施，减少不平等，可持续城市和社区，负责任消费和生产，气候行动，水下生物，陆地生物，和平、正义与强大机构，促进目标实现的伙伴关系。《议程》针对 17 项目标分别制定了一系列具体目标。这些目标述及发达国家和发展中国家人民的需求，并强调不会落下任何一个人。《议程》还确认调动执行手段，包括财政资源、技术开发和转让及能力建设，以及伙伴关系至关重要的作用。

（2）国家层面的可持续发展指标体系

① 美国

美国总统可持续发展理事会（PCSD）于 1996 年提出可持续发展战略报告。PCSD 就美国的可持续发展提出了十个相互依存的、促进美国经济繁荣和环境保护的重要目标——健康与环境、经济繁荣、平等、自然保护、可持续发展的社区、管理、公众参与、人口、国际责任、教育，[①] 并就如何衡量每个目标的发展提出了相应指标。

② 英国

1999 年，英国政府发布《更好的生活质量：英国的可持续发展战略》报告。2005 年，英国政府在可持续发展战略的基础上，建立了更侧重国际和社会角度的全新综合性目标：让全世界的人民在不影响子孙后代的生活质量的前提下，满足他们基本的需求并享有更高的生活质量。[②] 在这个总目标下，分解了四个一般目标（健康的经济要有利于保护和提高所有人的生活质量，同时也要有利于人类健康和赖以生存的环境；最合理地利用非再生资源；持续地利用再生资源；经济活动对人类健康的危害和对环境承载力的破坏减少到最低限度），并在一般目标下进一步分解出关键问题。

① 曹凤中 . 美国的可持续发展指标［J］. 环境与可持续发展，1997（2）：5-8.

② 详见 www.sustainable-development.gov.uk。

③ 德国

2017 年 1 月 11 日，德国政府通过了《德国可持续发展战略》[①] 的修订版。自 2002 年可持续发展战略首次推出以来，这是对该战略所作的最全面的发展。该战略提出，可持续发展的目的在于争取代际公平、社会团结和生活质量以及承担起国际责任，因此，需要兼顾保持经济能力、保障自然生存基础和履行社会责任，使发展能够持久和稳固。

德国可持续发展战略的核心是一个可持续发展管理体系，即对在一定时间范围内需要完成的任务、用于持续监测的指标、调控规则和机构建设作出规定。该战略从三个层面提出了包括气候和生物多样性保护、资源效率和移动解决方案等领域，减少贫困、卫生保健、教育、性别平等、稳健的国家财政、公平分配和反腐败等 17 个可持续发展目标以及 36 个发展领域的具体实施措施。在这 17 个可持续发展目标里，该战略又制定了 63 个关键指标，其中多数指标与量化目标相关联。德国联邦统计局每两年公布一次指标报告，战略报告则每四年更新一次。

（3）企业层面的可持续发展指标体系

① KLD 指数

由独立调查和评级机构 KLD 公司（Kinder，Lydenberg and Domini & Co. Inc.）于 1991 年提出的 KLD 指数，[②] 是目前西方企业社会责任研究领域中应用最广泛的测评及研究工具。

该指标体系从环境、社会和公司治理（ESG）3 个方面设计了 7 个维度的一级指标，即社区、公司治理、多元化、员工关系、环境、人权、产品，各维度下再设置不同数目的二级指标。在具体评价时，剔除道德上违背企业社会责任的企业。

KLD 指数通过聘请领域内专家，用 –1/0/1 打分法，对被评价企业在社

① 详见 www.deutsche-nachhaltigkeitsstrategie.de。

② 详见 www.riskmetrics.com。

会责任方面的积极和消极表现，以及公司正面因素或负面因素进行打分。符合指标正面因素项的得 1 分，符合负面因素项的得 -1 分，既无正面因素也无负面因素的得 0 分。企业各维度得分直接加总为企业社会责任总得分。这种打分避免了与企业直接接触和由具体数据核算引起的争议。

1991 年以来，该指数每年定期发布，并根据国际社会关注点、经济发展环境、自然环境的变化，调整指标维度和具体指标，体现社会和环境绩效趋势，满足社会变革对企业可持续发展的诉求。1991—2000 年，KLD 指数评价范围包括标准普尔 500 指数与多明尼 400 社会指数范围内的所有公司。2003 年至今，KLD 指数将评价范围扩大到罗素 1000 指数与美国上市公司市值排名前 3000 的企业。

② 道琼斯可持续发展指数

道琼斯可持续发展指数（The Dow Jones Sustainability Indexes，DJSI）[①]是 1999 年由美国道琼斯公司和可持续发展领域的权威机构 RobecoSAM 共同发起的、从投资角度评价企业可持续发展能力的指数。它是全球第一个把可持续发展融入公司财务表现的指数，也是在世界范围内专门追踪在可持续发展方面走在前列的企业表现的指数。

道琼斯可持续发展指数从经济、社会、环境三个维度对企业进行评价，各维度下设数个指标，既有各行业通用的评价指标，也有与特定产业相关的指标，并根据行业特点赋予各指标相应权重。公司的可持续发展分值按确定的权重和评分标准计算，数据来源于调查问卷、公司文件、公共信息、与公司直接联系 4 种方式，其中调查问卷是最主要的来源。

调查问卷每个问题分属相应的指标，有不同权重，不同问题选项被赋予不同的分值，最终得分是将问卷每个问题的得分乘以问题权重与问题所属指标权重并求和。

---

① 详见 https://www.robecosam.com/csa/indices/。

除此之外，道琼斯公司还通过外部审计等方式保证可持续发展指数研究的客观性和质量。

③ 全球可持续发展企业 100 强

加拿大的媒体和投资研究公司企业爵士（Corporate Knights）自 2005 年起研究全球企业可持续发展状况，并发布全球可持续发展企业 100 强年度排行榜。[①] 该研究基于企业财务报告和可持续发展报告中的公开数据，对全球大型、高市值上市公司，从可持续性信息披露、财务健康、产品分类和财务处罚 4 个方面筛选出评价对象，并对上榜公司数据进行直接验证。

该榜单设计了资源管理、财务管理和员工管理 3 个方面以及 21 项关键绩效指标。其中，8 个指标［支付税费比例、养老保险基金状况、供应商可持续性的分数（除金融服务机构之外）、女性高管、女性董事、可持续性与薪酬的联系、处罚扣除、清洁收入］对所有行业的企业都适用，其余 13 个指标（能源消耗率、温室气体排放率、水资源消耗率、废弃物产生率、VOC 排放率、NOx 排放率、SOx 排放率、颗粒物排放率、创新能力、CEO 与员工平均收入比、工伤、死亡率、员工离职率）根据不同行业特点确定，每个行业对应的指标组有不同权重。企业对应的指标得分乘以指标权重之和即为总得分，以此排名。

④ 社会责任指南标准（ISO 26000）

国际标准化组织（International Standard Organization，ISO）于 2010 年 11 月 1 日正式发布适用于包括政府在内的所有社会组织的“社会责任”国际标准化组织指南标准，编号为 ISO 26000。[②]

ISO 26000 包含 7 个核心指标：公司治理、人权、劳动力、环境、公平管理运营、消费者、社区发展及参与。每个核心指标中包含 4～7 项因素，如人权风险情况、种族歧视、弱势群体、反腐败以及消费者数据和

① 详见 https://www.corporateknights.com/reports-landing-page/。

② 详见 https://www.iso.org/iso-26000-social-responsibility.html。

隐私保护等。ISO 26000 具有鲜明的特点：用社会责任（SR）代替企业社会责任（CSR）以适用于所有类型的组织；不是管理标准，不用于第三方认证；提供了社会责任融入组织的可操作性建议和工具；利益相关方的广泛参与和独特的开发流程；与多个组织建立合作关系，推广了社会责任实践。

⑤ 价值总览报告

2010 年 8 月，英国威尔士亲王可持续性会计项目、国际会计师联合会（IFAC）和全球报告倡议组织（GRI）共同创建了国际综合报告委员会（IIRC）。2013 年 12 月，IIRC 通过并发布了国际综合报告框架，称价值总览报告（Integrated Reporting，IR）。[①]

价值总览报告不仅整合并披露了公司财务信息与环境、生态保护、社会责任履行、公司治理等利益相关方关心的信息，还包括金融、制造、智力、人力、社会关系和自然 6 方面资本，以期综合反映企业价值创造和可持续发展的能力。该方法既可为投资者提供企业更多的非财务信息与可持续发展方面评估信息，又能促进企业关注社会责任及可持续发展。

⑥ GRI 可持续发展报告指南

全球报告倡议组织（The Global Reporting Initiative，GRI）[②] 成立于 1997 年，由美国非营利环境经济组织（CERES）和联合国环境规划署（UNEP）共同发起。2000 年，GRI 发布了《可持续发展报告指南 1.0》，旨在完善可持续发展报告的实务。企业可以其为依据，公开披露在经济、环境、社会三个方面的实践成果。其中经济方面包含经济绩效、市场表现、间接经济影响力、采购行为等；环境方面包含物料、能源、水、生物多样性、废气排放、污水和废弃物、产品和服务、合规、交通运输、整体情况、供应商环境评估、环境问题申诉机制等；社会方面包含劳工实践和体面工作、人

① 详见 http://integratedreporting.org/the-iirc-2/。

② 详见 https://www.globalreporting.org/standards。

权、社会、产品责任等。2013 年更新到第四版（G4），是企业社会责任报告及可持续发展报告的编写参考指南。

（4）国际研究理论总结

联合国可持续发展委员会、联合国环境问题科学委员会、世界银行等机构，以经济、环境和社会为评价基本框架，分别提出了适用于各自领域的可持续发展指标体系。

发达国家，如英国、美国、德国等的指标体系以导向性目标为主，强调社会经济与自然环境的协调发展以及国际责任，制定了适用于本国可持续发展的衡量标准。

国际上现有指标体系，如 KLD 指数、道琼斯可持续发展指数、全球可持续发展企业 100 强、社会责任指南标准、价值总览报告、GRI 可持续发展报告指南等，依据各自定位与功能，在评价维度、指标设置、评分方法、数据收集、计算方法等方面都不相同。其中，只有 KLD 指数是对跨行业、全品类企业进行全面考量，且评分方法更易于操作。

2.2.2 国内可持续发展指数的研究与实践

（1）国家层面的可持续发展指标体系

① 中国 21 世纪议程

1992 年联合国环境与发展大会通过《21 世纪议程》，中国政府作出履行《21 世纪议程》的承诺。1994 年 3 月，中国发布全球第一个国家级议程《中国 21 世纪议程——中国人口、环境与发展白皮书》（以下简称《中国 21 世纪议程》），制定了中国跨世纪的可持续发展总体战略、目标、政策和措施。[①]

《中国 21 世纪议程》共 20 章、78 个方案领域，主要内容分为 4 大部

① 详见 http://www.acca21.org.cn/。

表 2-1 国际上主流企业可持续发展指数对比

评价方法名称	设立年份	设立机构	评价维度	打分方法	特点
KLD 指数	1991	KLD 公司	环境、社区关系、雇佣关系、机会平等、消费者关系	采用 –1/0/1 打分法，等权重加总	优势：①评价连续性；②独立第三方评估，提高了公正性和客观性；③跨行业、全品类评价；④采用 –1/0/1 打分法，方法简单，易于操作。 劣势：①指标没有权重不能区别重要性；②指标赋值多依靠主观判断；③ –1/0/1 打分法不具连续性，只有底层指标足够多才能体现企业间的差距；④主要基于西方发达国家的经济社会特点以及信息披露机制，与中国实际情况差别较大
道琼斯可持续发展指数	1999	美国道琼斯公司 RobecoSAM	经济、社会、环境	可持续分值 = Σ(问题得分 × 指标权重 × 问题权重)	优势：①既包括通用指标，也包含具体行业指标，指标的内容及权重依行业有所调整；②独立编制机构，有助于保证独立性和公正性；③数据来源四种渠道，相互印证；④使用外部审计保证研究的客观性和研究质量；⑤有较大影响力。 劣势：①多数指标与企业应尽责任、愿尽责任有关，反映公司客观情况的基础性指标较少；②定性指标居多
全球可持续发展企业 100 强	2005	加拿大企业骑士公司	资源管理、财务管理、员工管理	各指标得分等权重相加	优势：①完全使用公开可得的客观数据，评价的客观性有保障；②部分指标计算考虑了近几年均值，使指标值更平稳或更具有代表性。 劣势：指标过少，无法全面反映企业可持续发展现状

续表

评价方法名称	设立年份	设立机构	评价维度	打分方法	特点
社会责任指南标准	2010	国际标准化组织	公司治理、人权、劳动力、环境、公平管理运营、消费者、社区发展及参与	—	提供了适用于所有类型组织的社会责任融入组织的可操作性建议和工具
价值总览报告	2013	国际综合报告委员会	公司财务信息与环境、生态保护、社会责任履行、公司治理	—	提供了整合、披露利益相关者关心信息的工具
GRI 可持续发展报告指南	2000	全球报告倡议组织	经济、环境、社会	—	提供了企业编制可持续发展报告框架

分：第一部分为可持续发展总体战略与政策，提出中国可持续发展的战略目标、战略重点和重大行动。第二部分为社会可持续发展，包括人口、居民消费与社会服务、消除贫困、卫生与健康、人类住区和防灾减灾等。第三部分为经济可持续发展，把促进经济快速增长作为消除贫困、提高人民生活水平、增强综合国力的首要条件。第四部分为资源的合理利用与环境保护，包括水、土地等自然资源保护与可持续利用，生物多样性保护，防治土地荒漠化，防灾减灾等。

《中国21世纪议程》确立的可持续发展目标体现了我国国情，兼顾了近期发展目标和远期目标，体现了经济社会与人口、资源、环境的协调发展，是我国可持续发展的重要指导性文件。

② 生态文明建设考核目标体系与绿色发展指标体系

2016年12月12日，国家发展改革委、国家统计局、环境保护部、中央组织部根据《生态文明建设目标评价考核办法》的要求，制定了《生态文明建设考核目标体系》和《绿色发展指标体系》，[①] 作为生态文明建设评价考核的依据。《生态文明建设考核目标体系》以资源环境约束性目标为主，包括资源利用、生态环境保护、年度评价结果、公众满意程度、生态环境事件5个方面，共23项考核目标。《绿色发展指标体系》包括资源利用、环境治理、环境质量、生态保护、增长质量、绿色生活、公众满意程度7个一级指标和56个二级指标。

③ 循环经济指标体系

2016年12月27日，国家发展改革委、财政部、环境保护部、国家统计局四部门联合发布《循环经济发展评价指标体系（2017年版）》。[②] 该指

① 关于印发《绿色发展指标体系》《生态文明建设考核目标体系》的通知［EB/OL］. 中华人民共和国发展和改革委员会，［2016-12-12］. http://www.ndrc.gov.cn/zcfb/zcfbtz/201612/t20161222_832303.html.

② 关于印发《循环经济发展评价指标体系（2017年版）》的通知［EB/OL］. 中华人民共和国发展和改革委员会，［2016-12-27］. http://www.ndrc.gov.cn/zcfb/zcfbtz/201701/t20170112_834922.html.

标体系分为：综合指标，包括资源利用和资源循环两大方面；专项指标，涵盖了资源产出效率指标、资源循环利用（综合利用）指标和资源循环产业等 11 个具体指标；参考指标，包括废弃物末端处理处置，不作为评价指标。

④ 清洁生产评价指标体系

为加快形成统一、系统的清洁生产技术支撑体系，国家发展改革委、环境保护部会同工业和信息化部等有关部门，于 2013 年 6 月 5 日发布《清洁生产评价指标体系编制通则》（试行稿），[①] 并于 2014 年 9 月和 2016 年 4 月，分别发布清洁生产评价指标体系制（修）订计划第一批和第二批。行业清洁生产评价指标体系框架包括生产工艺及装备指标、资源能源消耗指标、资源综合利用指标、污染物产生指标、产品特征指标、清洁生产管理指标 6 项一级指标，每类指标又由若干个二级指标组成。

（2）中国科学院可持续发展指标体系

为了为可持续发展战略的落实提供学术研究积累和决策支持，从 1999 年开始，中国科学院可持续发展战略研究组编纂和出版了《中国可持续发展战略年度报告》。[②] 该报告以国家可持续发展战略需求和重大前沿问题为主要内容，建立了“总体层—系统层—状态层—变量层—要素层”5 层指标体系。其中，总体层即中国可持续发展能力，系统层包括生存支持系统、发展支持系统、环境支持系统、社会支持系统、智力支持系统，每一个系统对应若干状态层，每一个状态层对应若干变量，变量再进一步拆解形成要素群，实用性与可操作性较强。该报告每年对中国可持续发展能力进行综合评估，对中国各省区市的资源环境综合绩效进行评估，对资源环

① 中华人民共和国国家发展和改革委员会 中华人民共和国环境保护部 中华人民共和国工业和信息化部公告［EB/OL］. 中华人民共和国中央人民政府，［2013-06-05］. http://www.gov.cn/zwgk/2013-06/14/content_2425771.htm.

② 中国科学院可持续发展战略研究组 . 2015 中国可持续发展报告：重塑生态环境治理体系［M］. 北京：科学出版社，2015.

境综合绩效的影响因素进行实证分析，经过20年的不断调整与改进，该评价方法和指标体系已相对完善和稳定。

（3）企业可持续发展相关指标体系

随着对社会经济可持续发展问题研究的深入，企业可持续发展获得了越来越广泛的关注。

我国学者从多角度、多指标探讨了企业可持续发展水平。例如，郭蕊（2006）[①] 从社会环境、产业、技术、制度和财务5个方面入手，研究了企业持续发展能力的重要影响因素，分析了5个方面的整合状况对企业可持续发展能力的决定作用。何元斌（2009）[②] 基于“宏观—产业—企业”3个层次的系统，建立了6个维度的企业可持续发展分析框架，设计了测评模型和指标评价体系。魏巍（2016）[③] 引入经济效益、社会效益指标和环境效益指标构建企业可持续发展指标体系，利用主分量分析方法计算可持续发展综合指数。

一些学者以特定企业作为分析对象，构建了单角度的企业可持续发展指标。例如，朱光曦（2008）[④] 运用数据包络分析（DEA）方法，构建了上市公司可持续发展评价的指标体系及模型，对西部某上市公司进行了企业可持续发展能力评估。马小援（2010）[⑤] 从宏观环境的可持续性、市场环境的可持续性、自然环境的可持续性以及企业内部环境的可持续性等4个层面入手，构建了基于可持续发展视角的企业环境评价体系，对武汉钢铁集

---

① 郭蕊．企业可持续发展能力的五维度模型［J］．科技进步与对策，2006，23（2）：149-152.

② 何元斌．企业可持续发展的三层次六维度分析框架研究［J］．经济问题探索，2009（6）：83-89

③ 魏巍．企业可持续发展评估初探［J］．经营管理者，2016（3）：6-7.

④ 朱光曦，马占新．基于DEA的企业可持续发展评价研究［J］．中国管理科学，2008（s1）：358-361.

⑤ 马小援．基于可持续发展视角的企业环境分析与评价研究［D］．武汉：武汉大学，2010.

团公司进行评价及分析。苏利平等（2018）[①]从盈利能力、偿债能力、营运能力、成长能力、创新能力、社会责任能力6个方面，构建了稀土企业可持续发展竞争力评价指标体系，以我国35家稀土上市公司为样本进行实证分析。李登伟等（2018）[②]从流程评价指标（主要包括勘探环节、开发环节和生产环节）、财务评价指标、学习与创新评价指标和环保评价指标4个方面，构建了油田可持续发展评价指标体系，对中国石化西北分公司进行了评价及分析。

此外，2013年中国工业经济联合会发布了《中国工业企业社会责任评价指标体系》。[③]该指标体系依据三重底线模型、利益相关者理论、可持续发展理论编制而成，分为社会责任价值观与战略、社会责任推进管理、经济影响、社会影响、环境影响5个一级指标，22个二级指标及98个三级指标。从指标属性来看，分为底线类、关键类、基础类指标；从指标标准化处理技术要求看，分为定量连续指标、定量离散指标与定性指标。中国工业经济联合会依据该指标体系对会员单位开展了年度“中国工业企业履责星级评价”活动。

（4）国内研究理论总结

我国国家层面的可持续发展指标体系，反映了国家的政策要求或政策导向。评价中国企业可持续发展情况也应遵循相关要求，符合政策导向。其中，《中国21世纪议程》是制定中国企业可持续发展指数重要的指导性文件；中国科学院提出的可持续发展指标体系相对完善，且长期应用于中国的实际评价，可操作性和实用性较强；有关部门发布的生态文明建设考核目标体系、绿色发展指标体系、循环经济指标体系和清洁生产评价指标

① 苏利平，周梦瑶．稀土企业可持续发展竞争力评价指标体系构建［J］．价值工程，2018（26）：16-17.

② 李登伟，郑显林，等．从油价波动下油田企业的可持续发展能力研究［J］．北京石油管理干部学院学报，2018（4）：52-56.

③ 详见 http://www.cfie.org.cn/2710757099819/2724937977051/index.html。

体系等，体现了国家对环境和资源可持续发展的具体要求。

国内关于企业可持续发展指数的学术文献较少，尚无系统、全面且应用于实际评价的指标体系。大部分评价企业可持续发展的相关文献虽然基本包含了经济、社会、环境、竞争力等因素，但指标体系的构建尚不完善，参考价值有限。

2.2.3 中国企业可持续发展指数研究启示

基于对国内外可持续发展指数研究理论与实践的分析，我们从 3 个方面开展企业角度的可持续发展研究。

（1）可持续发展的基本评价维度包含社会、经济和资源环境 3 个方面

全球层面和国家层面的可持续发展指标体系，虽有不同的分析方法与构建角度，但本质上是以“社会—经济—资源环境”为核心要素。可持续发展解决的根本问题是经济社会发展与资源环境承载力之间的矛盾。因此，企业可持续发展指标也必然要综合考量这三类要素。

（2）企业可持续发展指数研究还应纳入企业竞争力这一关键要素

现有评价体系，如 KLD 指数、道琼斯可持续发展指数、全球可持续发展企业 100 强等，不仅涵盖了社会、经济、资源环境等方面，还增加了公司治理、产品、创新能力等与企业竞争力相关的指标，以评价企业生存、成长和永续发展的能力。这些可持续发展指标体系各具特色，对中国企业可持续发展指数研究具有重要借鉴意义。

（3）中国企业可持续发展指数研究应立足中国国情，符合政策导向，能够体现中国企业特点

我国目前没有系统、全面且实操性强的跨行业、全品类企业可持续发展评价指标体系，而国际现有的可持续发展指数符合的是西方发达国

家的经济社会特点及信息披露机制。我国政府发布的《中国21世纪议程》《生态文明建设考核目标体系》《绿色发展指标体系》《循环经济指标体系》以及《清洁生产评价指标体系》等，体现了国家的可持续发展战略目标、政策要求和导向，对中国企业可持续发展指数的研究具有重要指导意义。

综上所述，开展中国企业可持续发展指数研究工作，要借鉴国内外可持续发展研究领域主要成果和现有指标体系，更要符合中国国情，结合政府部门提出的相关考核目标，构建能够体现中国企业特点的可持续发展指标体系，引导中国企业可持续发展。

2.3 指数研究方法

2.3.1 理论模型

（1）理论与概念界定

1987年首次提出可持续发展理念后，国际社会对于可持续发展的认识与追求不断深化，与可持续发展相关的理论不断丰富，包括企业成长理论、产业组织理论、核心竞争力理论、创新理论、利益相关者理论等。

企业是国民经济的主体，是保障人民共同利益的重要力量。企业不仅要做大规模，更要增强综合竞争力，提高可持续发展能力。随着企业管理者对可持续发展理念的认识不断深入，企业经营逐步由被动接受指令转向主动追求可持续发展，越来越多的企业将可持续发展理念融入企业战略决策和日常运营管理中，不断提升科学管理水平。随着企业从追求利润、做大资产规模这个单一目标，逐步转变到关注企业与自然环境和谐发展、注重倾听并接纳各利益相关方的核心诉求、注重培养企业综合发展能力，中国企业迈入“强身健体”阶段。因此，企业需要一个既与国际通行法则接轨又符合我国国情的，相对完整、客观、科学、公正并具有权威性的可持续发展能力评价体系。

本书将“企业可持续发展”的概念界定为“企业在追求生存、成长和永续发展的过程中，既要最大限度地开发企业内部资源和潜力，使企业保持持续的盈利增长和竞争能力，又要作为企业公民和社会人，最大限度地高效使用自然资源和能源，积极为社会谋求利益，从而追求企业与利益相关方之间的整体利益最优化”。

（2）政策系统梳理

我国政府和相关机构出台了一系列涉及可持续发展的政策文件和具体措施，为企业的可持续发展提供多维度、立体化的引导。

通过梳理总结中国可持续发展相关政策，可以勾勒出我国政策脉络与引导重点，进一步完善企业可持续发展的政策制度体系。本指标体系涵盖了国家和相关部门对企业可持续发展的各项政策与制度要求，为企业的可持续发展提供了系统、综合的引导。

（3）厘清现状、差距与发展方向

总体上看，我国企业的可持续发展取得了长足进步，主要体现在企业的社会责任得到加强，自然资源利用与环境保护得到改善，竞争力有所提高。与此同时，仍存在诸多制约因素，如政策法规执行力不强、配套产业和技术发展相对滞后、企业间发展不平衡、信息披露不完整等。与国际先进企业相比，我国企业在生产经营理念、实践方法和工具、能力和行动上均存在一定差距。

（4）指数对标分析

本指标体系收录全球众多与企业可持续发展相关的评级、排名及指数体系，对英美德等国别可持续发展标准、道琼斯可持续发展指数、全球标准化组织社会责任指南标准、企业骑士全球可持续发展企业100强、英国国际综合报告框架等企业层面的可持续发展指数进行了深入研究及对比分析。

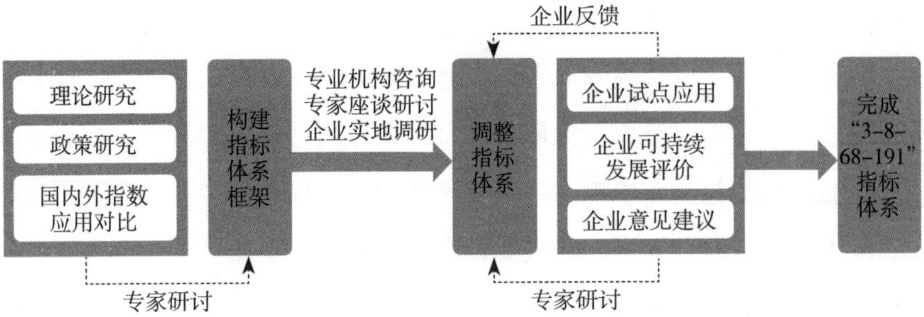

图 2-1　中国企业可持续发展指数理论研究路径

2.3.2　流程和方法

中国企业可持续发展指数报告及榜单发布工作按年度进行。指数工作分为数据收集、数据处理、企业评分、数据分析 4 个方面。

（1）数据收集

通过自主收集企业公开资料、问卷访谈、实地调研等方式获取并验证有效数据。①公开资料收集。通过网络爬虫等技术，从企业主动披露的公开报告、官方网站、可持续发展及企业社会责任报告、媒体资讯等获取企业数据。②问卷调查与企业调研。通过向企业高管发放调研问卷或企业现场调研的方式验证企业数据。

（2）数据处理

利用自主开发的"中国企业可持续发展数据平台"，对收集到的数据进行判别、清洗，整理、结构化及评分。

（3）企业评分

评分工作分为初评、校审、终审三个阶段。①初评。将采集到的企业数据信息录入数学评价模型，通过模型评分，得到企业的可持续发展总分，形成数据分析结果。②校审。对初评结果进行统一校审，按照指标体系的分析评价规则进行校正，完成《中国企业可持续发展指数报告（送审稿）》，提交指导委员会。③终审。对送审稿进行多轮专家讨论及评审，提出修正意见，形成《中国企业可持续发展指数报告》。

（4）数据分析

编制《企业可持续发展指数评价操作手册》，明确名词解释、指标含义以及具有可操作性的详尽指标测量方法。本指标体系参照国家统计局、生态环境部、自然资源部、工信部等主管部委公布的权威数据和行政法规，参考中国企业联合会、国家发展改革委能源研究所、世界资源研究所等专业机构的宏观数据、研究工具和参考因子，依据测算企业连续3年的可持续发展有效基础数据，结合相关的大数据和舆情分析，进行企业年度可持续发展评价。

测算企业的可持续发展指数得分公式为：

$$I=\sum_{k=1}^{n}(W_k\ S_k\ W'_k\ \ S'_k)$$

其中，I为企业可持续发展指数；W_k为可持续发展指标体系维度k正向指标的权重；S_k为该维度正向指标的得分；W'_k为可持续发展指标体系维度k负向指标的权重；S'_k为该维度负向指标的得分。

2.4　中国企业可持续发展指标体系构建

国家实力不仅是政治、外交与军事实力，首先是经济实力。企业是国家综合实力的集中体现，是保障国家安全、人民共同利益的重要力量，是实践创新发展的主体。企业作为国民经济主体不仅要做大规模，更要做强做优，增强综合竞争力，提高可持续发展能力。随着中国企业与国际市场融合程度的不断加深，领军企业管理者对可持续发展理念的认识不断加深，越来越多的大型企业将可持续发展理念融入企业战略决策和日常运营管理中，较好地平衡了短期利益与长远发展之间的关系，通过提前布局、技术积累、科学管理，不断提升企业核心竞争力与国际综合竞争力。

2008年，中央企业以发布企业社会责任报告为切入点，学习、研究企业社会责任理念，梳理企业社会责任指标，披露履责成果，形成了有企业特点的社会责任理念与管理工具。国际化程度较高的部分央企早在 2008 年前，就从可持续发展的角度，发布了年度企业可持续发展报告。

外部环境对企业发展的约束力与监管力的不断提高，以及企业自发追求长久发展动力的加强，促使领先企业逐渐从做大资产规模、追求账面收益，转变到注重企业与自然环境、人文环境的和谐发展，注重倾听各利益相关方的核心诉求，注重培养企业的综合发展能力。因此，我国企业需要一个既符合我国国情又与国际通行法则接轨的，相对完整、客观、科学、公正并具有权威性的可持续发展能力的评价体系，立体还原企业的综合能力与真实水平。

中国企业可持续发展指数的研究工作与指标体系的构建，旨在从非财务信息角度重新审视企业的实际发展水平，力求为中国企业深入理解可持续发展理念、找寻可持续发展路径、提升可持续发展能力提供科学的、普适性的引导，为中国企业可持续健康发展提供沟通交流平台，为中国企业在国际舞台上展示综合竞争力提供事实支撑。

本指标体系立足于中国资源实际情况、经济高质量发展要求、企业长期稳定发展需求及所处发展阶段等具体内容，充分借鉴国际国内现有可持续发展指标经验，形成了一套以“以我为主，博采众长，融合提炼，自成一家”为指导原则的、符合中国企业发展特点及中国国情的、从企业角度审视可持续发展的指标体系。中国企业可持续发展指数的推出既符合中国经济转型升级的时代发展需要，顺应“五位一体”总体布局的要求，又切实反映了中国企业所处发展阶段的客观要求与实际情况，具有很强的现实意义。中国企业可持续发展指数及其数据平台，是推动与促进中国企业走绿色发展、可持续发展之路，构建中国特色社会主义生态文明社会的重要组成部分。

2.4.1　中国企业可持续发展指标体系构建原则、维度与数据收集方法

（1）指标体系构建原则

中国企业可持续发展指标体系的设计是中国企业可持续发展指数研究的核心，选取与确定测量维度是构建中国企业可持续发展指标体系的基础，通过数据验证的指数评价结果是中国企业可持续发展指标体系的重要功能。

一方面，指标体系要与企业所处经营环境与发展阶段相吻合，既不冒进也不因循守旧，通过对企业的战略制定、综合发展能力、实践成果进行跟踪、研究、分析，得出能够反映企业可持续发展的能力和现状的评价结论，以引导和督促企业提高综合竞争力、做优做强。另一方面，企业的可持续发展与地球和人类的繁衍生息是共通的，企业的生存和发展离不开自然环境、生态环境、人文环境的支撑，因此可持续发展指数的测量维度需尽可能地综合考虑现阶段企业环境责任、企业公民责任、企业经济责任的诉求，反映企业与生态文明建设的关联程度。

中国企业应充分借鉴国际领先企业的经验，深化发展理念，加快转变发展方式，树立大责任观，确定综合目标，在履行经济和政治责任、追求经营利润的同时，帮助员工实现自我价值，关注企业对消费者、环境及社会的贡献，注重将企业责任感转化为全面履责行为，实现企业与客户、供应商、员工、股东和社会等利益相关方的互利共赢、协调发展，赢得企业内外各方面的理解与支持，在更大范围、更广领域和更高层次上获得更为广阔的发展空间。

综上所述，中国企业可持续发展指数研究既要关注经济、政治、自然资源、人文环境对企业发展的核心诉求，又要符合中国经济发展的实际情况及所处阶段；既要从企业发展规律与实际发展阶段出发，又要兼顾企业

在社会、自然环境方面的表现；既要推动企业成为增强国家竞争力的主体，又要推动企业满足可持续发展的本质要求，实现中国企业的可持续健康发展。

中国企业可持续发展指标体系的构建，遵循了四方面原则。

①与国际接轨

中国企业可持续发展指数体现了国际社会对可持续发展理念的共识，遵循了国际普遍认可的可持续发展指数的本质，为中国企业与国际企业在同一个平台上对话提供了坚实依据。

②跨行业覆盖

中国企业可持续发展指数对行业属性进行了技术处理，不以行业区分企业，而是适用于不同行业、不同属性的在中国合规经营的企业，通过总结提炼与各行业发展息息相关的共性，体现中国企业整体可持续发展水平和现状，实现了从可持续发展角度的跨行业、跨企业普适性比较。

③融合提炼

中国企业可持续发展指数以中国政府引导方向为指引，融入可持续发展相关政策，以中国企业为对象，考虑了中国企业所处经济、自然环境特点，归纳、提炼了中国企业可持续发展不可忽视的基础性指标。

④树中国情境

中国企业可持续发展指数充分考虑了中国的制度环境、自然环境、社会发展阶段性特征，及我国企业发展特点与所处阶段，以企业连续发布的公开、有效数据为基础，为中国企业与国际企业沟通交流搭建了透明、有力的数据平台。中国企业可持续发展指数中的指标根据我国国家政策、社会、企业、国际核心诉求的发展，适时调整，用自身的可持续发展引导我国企业向可持续发展的高级阶段迈进。

（2）指标体系构建维度

通过总结梳理国内外等重要指导性政策文件及相关研究，中国企业可持续发展指数研究归纳出了适用于中国企业可持续发展的四级指标体系，又称“3-8-68-191”指标体系。

依据中国企业可持续发展指数对企业可持续发展的定义，一级指标包含 3 个维度，分别是竞争力、环境和社会，与国际社会普遍认可的经济环境、自然环境与社会环境的和谐发展理念一致。

竞争力维度。企业首先要具备一定的竞争实力，才能够在激烈的竞争中生存并壮大，实现可持续发展。这就要求企业提供的产品或服务能够满足人民生活的基本需要，具有自身的独特性，能够不断地自我更新与快速迭代，从而在市场竞争中立于不败之地。因此，竞争力是企业生存的基础，是企业实现可持续发展的重要基石，是可持续发展指数的首个维度。基于对可持续发展理念、相关管理理论及实践经验的梳理，企业要想打造核心竞争力，首先，要有独特的产品来满足市场需求、获得市场份额；其次，要有成熟的、符合行业属性与企业文化的、科学的公司治理与管理体系，确保企业有能力提供稳定且高质量的产品以不断满足需求的增长与变化；最后，不论企业提供什么内容的产品与服务、实行哪种类型的治理结构，都离不开人的因素，企业员工的精神状态、创新能力与综合素质最终决定了企业的生命周期。因此，用“产品”“治理”“员工”3 项二级指标具体反映企业竞争力。

“产品”指标。企业的生存和发展离不开企业提供的产品与服务。根据全生命周期理论，顾客对产品的关注已经不仅仅局限于产品质量本身，而是拓展到原材料获取，产品的研发、制造、销售、回收的全过程，既要考虑到当前产品的市场占有率，又要考量企业持续提供创新性优质产品的能力。企业首先应有严格质量控制，能够不断提升产品质量并且努力杜绝质量问题；其次，主营业务要有一定的市场占有率，具有良好的品牌管理，能够带动上游供应商共同实现绿色发展；最后，企业要通过研发投入不断向市场提供创新性产品，迎合企业智能化发展趋势，形成自主创新成果并拥有相应的知识产权，避免不正当竞争行为。因此，以 14 项三级指标（其中 11 项为正向指标、3 项为负向指标）具体衡量企业为市场提供的产品与服务的优劣性。

“治理”指标。公司治理的概念来自西方，有广义和狭义之分。张维迎（1999）与李维安（2000）认为，广义的公司治理是基于公司所有者与经营者的不同角色及他们之间的利益关系，建立起来的一套正式或非正式的，包含企业内部或外部制度的运营机制，用以协调公司与各利益相关方（股东、债权人、供应者、雇员、政府、社区）的利益关系，通过满足核心诉求，实现稳健发展与均衡管理。中国企业根据所处政治制度、经营环境、承担的经济发展责任，逐步建立了适用于自身发展的现代企业管理制度。公司治理的基础是经营所在地的法律与政策要求。随着经济全球化程度越来越深，公司治理的内涵与外延不断扩大，可持续发展、国际化及相关信息的公开发布已经必不可少。企业的风险防控体系建设、安全生产的意识与能力、对自身诚信的管理与经营也都内化于治理的范畴。因此，以 9 项三级指标（其中 6 项为正向指标、3 项为负向指标）综合评价企业在治理方面的成果。

“员工”指标。由于能源、资源、环境的过度消费，环境承载能力不断下降，单一生产资料的投入已不能支撑企业的发展需求。21 世纪的竞争，是企业可持续发展的竞争，是软实力与人才的竞争。不同国家、不同制度、不同文化对人才的重视与再培养有较大差异。中国是拥有 14 亿人口的大国，长期从事简单劳动的人口基数过于庞大，造成了劳动力过剩的假象。2018 年中央经济工作会议提出稳增长、稳就业等“六稳”方针，说明就业始终是民生的重要内容，而员工职业发展也应被视为企业可持续发展的重要内容。首先，企业应为员工创造与企业共同成长的机会，增强员工的认同感与参与度，注重职业健康与安全，加强员工培训与再教育；其次，企业作为社会人，面对的是诉求不一的利益相关方，这就要求企业必须妥善处理好员工多元化问题，主动吸纳有不同技能的人才，不能因为性别或身体原因区别报酬或发展机会；最后，企业要将员工视为最主要的利益相关方之一，在力所能及的范围内关爱员工，避免违规与损害员工利益的劳动关系实践。因此，以 8 项三级指标（其中 5 项为正向指标、3 项为负向指标）反映企业对人才的认识与保护。

环境维度。企业的经营与发展离不开最基础的生产要素投入，包括水、能源、生产资料等。我们在向大自然索取赖以生存的物质资料的同时，不仅减少了大自然原有储备，更增加了不属于大自然的人造垃圾。由于各国自然资源分布及企业利用资源能力有较大差异，企业对环境的损害程度也不同。事实证明，自然环境已经向人口的膨胀与人类贪婪的掠夺发出了严重的警告。极端天气的增多、冰川的快速消融、物种的加速灭亡及各种地质灾害的频发，都是大自然对人类不负责任的行为的控诉。企业为人类的生存与生活质量提高提供了必要的物质保证，但只有更新的技术、更高效地利用自然资源，减少对环境的破坏、努力与大自然和谐共生，人类与企业才能够长期存在，才能谈可持续发展。因此，以“资源”“环境”2 项二级指标检验企业对和谐发展、绿色发展、可持续发展理念的认识程度及具体行动成果。

“环境”指标。近百年来，随着人类活动的不断丰富及欲望的增加，环境承载能力持续下降，自我调整能力越来越弱。绿水青山变成了臭水荒山，人类足迹加速了自然物种灭亡，本是常态的蓝天白云变成了稀缺资源。企业在满足市场需求的同时，必须要承担人们“追求美好生活”的责任。首先，企业在生产经营活动时必须公开承认对环境的影响，包括废水、废气、固体废弃物及有害化学物质，并公布真实的数据，建立符合行业属性、企业特性的环境管理体系，做好环境风险预警与危机管理；其次，企业必须进行环境保护投入，如实公布污染治理成效，包括现在普遍关注的碳减排治理成效；最后，企业要通过提供环境友好型产品与服务，引导消费升级，改变消费习惯，加大对已破坏环境的有效修复投入，开展生物多样性保护工作，尽最大能力减少人为产生的污染与有害物质排放。因此，以13项三级指标（其中9项为正向指标、4项为负向指标）尽可能全面地反映企业生产活动对自然环境的影响。

“资源”指标。我们要清醒地认识到，在我国960万平方千米的土地上，资源分布不仅是不均衡的，更是有限的。资源是生产生活的基础。首先，企业应建立并完善资源管理体系，建立公开信息披露制度；其次，企业应努力提高能源产出率与水资源产出率；最后，企业应尽量使用清洁能源，减少对一次能源的消耗，建立废弃物终端回收体系，实现循环利用与协同处理。因此，以7项三级指标（全部为正向指标）鼓励企业建立资源使用公开披露机制，强化“资源是有代价的”的理念。

社会维度。1937年罗纳德·科斯（Ronald Coase）出版的《企业的性质》，利用交易成本理论分析了企业与市场的关系，阐述了企业存在的原因。他认为，企业的本质就是一种资源配置的机制，在企业内部，资源的配置是通过企业管理协调完成的。企业是由不同的人组成并相互合作，完成资源配置的组织，因此企业从注册的那一刻起就具有“社会人”的属性。也就是说，企业不是孤立地进行生产经营，不是孤立存在的组织，必然要与各利益相关方形成各类利益链条。有些利益相关方是由人组成的，如政府、顾客、第三方非政府组织、媒体等；有些利益相关方不是人构成的，比如自然环境、动植物、资源。企业必须要全面、立体看待利益群体，客观地对待企业各利益相关方，不能片面选择，也不能偏颇地认为只有与金钱有关的才是利益相关方。鉴于我们已经将非人构成的利益相关方单独提取，因此以狭义的利益相关方，即“客户”“社区”“政府”3项二级指标作为企业社会属性的综合评判。

“客户”指标。企业通过主动型与被动型两种驱动方式向市场提供产品与服务，主动型是指企业通过研发制造新型产品，开发与引导市场需求，被动型是指市场提出某种需求，企业按需生产制造。无论是主动还是被动，顾客都是最终裁判，首先，企业要做好客户关系管理（Customer Relationship Management，CRM），做好客户信息保护工作。随着 CRM 的普及，终端消费型企业都建立了相应系统，但如果不能正确理解 CRM 的核心作用，CRM 也会变成一把“双刃剑”。没等企业弄明白发生了什么问题，就造成了顾客流失，这样的案例在我国企业并不罕见。其次，企业也要积极做大主动型研发市场，引导理性及绿色消费，提高产品性能与使用效率，与顾客共同成长，增加客户黏性。最后，企业不仅要将顾客视为消费者，还应把顾客看成潜在投资者。顾客会直接将体验结果与情感带入工作（如金融投资）或社交圈，这就要求企业不能只顾眼前利益，以一次性买卖态度对待顾客。因此，以 5 项三级指标（其中 4 项为正向指标、1 项为负向指标）来映射企业与顾客之间的动态关系。

“社区”指标。社区是社会现象的浓缩体现，无论是制造型企业还是服务型企业都首先与经营所在地各方接触，企业利用当地自然资源、自然环境、劳动力等为经营所在地及更大市场提供产品与服务，这就必然产生企业与社区的关系问题，处理不好就会引起误解与矛盾，甚至暴力冲突。归根结底，企业要正确认识“社会人”属性，只有解决了这一根本问题，企业才可能与社区和谐发展，也才有可能妥善解决与社会更广泛利益相关方之间的和谐共生问题。首先，企业要避免生产经营给当地居民生活带来的负面影响，特别是资源环境方面的不良影响，而且要积极进行事前沟通，尽量减少误解，在形成舆论压力之前就化解冲突与矛盾；其次，企业要与社区共同发展，通过提供培训提高社区劳动人口的教育水平，积极实施慈善捐赠、精准帮扶，开展志愿者服务，创造友好氛围；最后，要充分了解与尊重当地文化，不能以监管压力为“尊重”的条件，对不了解的事物既要有好奇心也要有敬畏心，充分尊重当地文化，避免文化冲突。因此，以 7 项三级指标（其中 5 项为正向指标、2 项为负向指标），督促企业充分重视社区沟通，与社区共同发展。

“政府”指标。政府既是企业生产经营的推动者，也是市场秩序的维护者；既帮助企业解决生产经营方面的政策性问题，又要求企业承担部分公共职能，以推动经济社会朝着正确方向发展；既是经济社会中的权威者与行政者，也需要企业反映真实情况以修正不利于社会发展的制度或行政障碍。我国基本国情决定了我国处于并将长期处于社会主义初级阶段，这就要求企业首先要有意识地承担部分公共职能，做好稳就业、稳经济等方面的工作，做好精准帮扶工作，为全面建成小康社会贡献力量；其次，企业要加强与政府的沟通，既不能因为惧怕监管就敬而远之，也不能把监管当儿戏、诉诸权钱交易；最后，中国经济的快速发展与基础设施建设离不开全社会的共同努力与支持，企业按时上缴税款就是支持中国经济建设最有力的证明。因此，以 5 项三级指标（其中 3 项为正向指标、2 项为负向指标）体现中国企业与中国政府之间的合作与支持关系。

综上所述，中国企业可持续发展指标体系由 3 项一级指标（维度）、8 项二级指标（方面）、68 项三级指标、191 项四级指标（基础数据）构成（见表 2-2）。指标的选取与设定，充分考虑了不同行业的重点和关键事项，在有所侧重的同时兼顾行业整体平衡，实现了跨行业、全品类的横向对比。指标体系充分借鉴了国际与国内现有方法论及打分体系，采用 0～1、-1～0 区间打分方法，可行性和适用性好。三级指标中，设定 50 项正向指标，严格得分条件，实现优中选优、正面引导和激励；设定 18 项负向指标，明确约束因素和考量红线，完善从过程到结果的全方位立体评价。

表 2-2 中国企业可持续发展指标体系简表

一级指标		二级指标	三级指标		
名称	权重		编号	名称	类型
竞争力	46%	产品	J-C1	质量控制	正向指标
			J-C2	质量提升	
			J-C3	市场占有率	
			J-C4	研发投入	
			J-C5	知识产权保护	
			J-C6	新产品创效	
			J-C7	创新成果	
			J-C8	品牌建设	
			J-C9	供应商管理体系	
			J-C10	绿色采购	
			J-C11	智能化	
			J-C12	不正当竞争	负向指标
			J-C13	质量问题	
			J-C14	供应商违规	
		治理	J-Z1	利税贡献	正向指标
			J-Z2	可持续发展战略	
			J-Z3	可持续发展报告发布	
			J-Z4	风险控制体系建设	
			J-Z5	国际化发展	
			J-Z6	诚信管理体系建设	
			J-Z7	违反政策法规	负向指标
			J-Z8	生产安全事故	
			J-Z9	高管负面事件	
		员工	J-Y1	员工参与	正向指标
			J-Y2	职业健康和安全	
			J-Y3	多元化	
			J-Y4	员工发展	
			J-Y5	福利及退休保障	
			J-Y6	职业健康管理问题	负向指标
			J-Y7	残疾人雇用违规	
			J-Y8	劳动关系事件	

续表

一级指标		二级指标	三级指标		
名称	权重		编号	名称	类型
环境	29%	环境	H-H1	环境信息公开	正向指标
			H-H2	环境治理投入	
			H-H3	环境管理体系	
			H-H4	环境风险及危机管理	
			H-H5	环境友好型产品	
			H-H6	污染防治成效	
			H-H7	碳减排成效	
			H-H8	生态修复	
			H-H9	生物多样性保护	
			H-H10	生态环境损害	负向指标
			H-H11	环境污染事件	
			H-H12	生产破坏臭氧层的化学物质	
			H-H13	有害物质排放违规	
		资源	H-Z1	资源管理体系	正向指标
			H-Z2	资源利用信息公开	
			H-Z3	能源产出率	
			H-Z4	水资源产出率	
			H-Z5	循环利用协同处理	
			H-Z6	清洁能源利用	
			H-Z7	终端回收体系	
社会	25%	客户	S-K1	客户关系管理	正向指标
			S-K2	客户信息保护	
			S-K3	投资者关系	
			S-K4	绿色消费倡导	
			S-K5	客户满意度缺失	负向指标
		社区	S-S1	慈善捐赠	正向指标
			S-S2	教育培训支持	
			S-S3	尊重社区文化	
			S-S4	社区发展支持	
			S-S5	志愿者服务	
			S-S6	运营活动损害	负向指标

续表

一级指标		二级指标	三级指标		
名称	权重		编号	名称	类型
社会	25%	社区	S-S7	舆论负面反应	负向指标
		政府	S-Z1	政府沟通	正向指标
			S-Z2	就业政策落实	
			S-Z3	扶贫支出	
			S-Z4	商业贿赂	负向指标
			S-Z5	纳税问题	

（3）研究范围及数据收集方法

① 自主收集公开资料

中国企业可持续发展指数自主收集企业公开信息披露信息，如可持续发展报告、企业社会责任报告、年报、企业官网刊登的文件等，参考政府各主管部门的公开信息，包括 KLD 指数、道琼斯可持续发展指数、《财富》世界 500 强等国际认可度高的第三方评价机构公布的数据。

② 企业访谈与问卷调查收集

参考道琼斯可持续发展指数辅助信息获取方式，就不能直接获取的关键信息向企业高管发放调查问卷，或直接进入企业调研进行补充获取。对于企业未公开或不能从公开渠道获得的数据，在评价结果中进行注释，避免数据不完整争议。

2.4.2　中国企业可持续发展指标体系意义

（1）国内首个实现跨行业、全品类横向对比的指标体系

经济的可持续发展是企业共同进步的成果，企业不能以行业属性为借口，逃避可持续发展趋势，或推卸应负的责任，更不能以行业特性为由，只看到自己在行业中的表现与地位；而是要学会“跨界”学习与交流，取长补短，共同为中国经济的可持续发展作出应有的努力与贡献。

（2）国内首个从企业层面研究可持续发展现状的指标体系

可持续发展是内涵丰富、外延扩展性很强的概念，现阶段，我国更多是从宏观层面对可持续发展进行分析。企业是一个复杂的群体，其规模、行业、生命周期、提供的服务与产品性质都对企业的生存与发展产生了不同的影响，因此从企业层面开展可持续发展研究就更是一个复杂的工程。从指标体系的建立到数据的获取都要严谨、科学、客观。中国企业可持续发展指数体系的原始数据包括定性和定量两部分，尽可能还原事实，确保数据的客观性。

（3）国内首个与道琼斯可持续发展指数对标的指标体系

交流沟通不仅需要平台，更需要共同的语言与认识。中国企业可持续发展指标体系不仅立足中国情境，为中国经济可持续发展现状提供了翔实的事实依据与数据支撑；还顺应了国际社会的普遍共识与核心诉求，与道琼斯可持续发展指数形成了对应关系；更迎合了习近平总书记提出的“人类命运共同体”理念，彰显了我国负责任大国形象。

（4）国内首个支持中国管理理论研究自主搭建的企业可持续数据服务平台

古人云，“远人不服，则修文德以来之”。我国自成体系的哲学思想深深影响着中国人的思想与行为。我国企业虽普遍建立了现代企业管理制度，但始终被中国的哲学思想体系影响，是中国文化的重要组成部分与体现。我们应加快对中国企业数据进行研究、分析，总结、分享中国管理思想，形成有时代特征的中国管理理论。

（5）国内首个与中国企业500强形成优势互补的非财务数据指标体系

中国企业可持续发展指数以非财务数据为主，通过竞争力、环境和社会3个维度反映企业可持续发展现状，是中国企业500强榜单评价的有力补充。事实证明，企业既要做出规模，更要做出水平，要拥有关键技术、科学管理体系及核心竞争力。截至 2018 年年底，更多的中国企业进入世界 500 强行列，但入围道琼斯可持续发展指数的中国企业寥寥无几。随着我国经济转向高质量发展，已经做出规模的企业应向更高发展阶段努力，做出水平、做强做优。中国企业可持续发展指数着力督促企业重视可持续发展，引领企业向可持续发展方向迈进，相信会有更多企业在可持续发展道路上更上一层楼。

SUSTAINABILITY INDEX

2018 中国企业可持续发展指数报告

3 样本概况

3.1 测算对象选取

《2018 中国企业可持续发展指数报告》的测算对象，以中国企业联合会、中国企业家协会发布的中国企业 500 强为基础，面向国内领先企业，涵盖了不同行业、不同地区、不同性质的 1073 家企业。企业通过主动参与、定向邀请的方式积极参与指标测算，其范围如下：① 中国企业联合会、中国企业家协会发布的年度中国企业 500 强、中国制造业企业 500 强、中国服务业企业 500 强等企业；② 相关行业协会可持续发展水平较高且在单个领域有优秀表现的企业；③ 连续 3 年以上发布可持续发展报告，且可持续发展相关信息公开、可获取、内容翔实的企业；④ 主动参与可持续发展指标测算，且各项基础数据信息填写完整、有效、有数据证明的企业；⑤ 参考国际通行准则、可持续发展评价原则与相关规定，烟草等行业企业暂不列入测算范围。

企业可持续发展指标测算的基础数据有 4 个特点。

① 财务与非财务数据相结合。以各利益相关方关心的非财务数据为主，涵盖金融资本、制造资本、智力资本、人力资本、社会资本、自然资本等企业综合数据信息，力求全面反映企业可持续发展理念、路径与实践成果。

② 定量与定性数据相结合。对管理理念、制度体系、治理成果、安

全生产、知识产权等核心内容进行标准化处理，力求数据可量化、具有可比性。

③ 企业主动披露与第三方信息相结合。以企业主动公开披露的信息为主，利用大数据精准采集国家部委、行业监管部门公布的与企业发展相关的经济、环境、资源等权威数据和监管通告，有效检验企业披露信息的完整性与合规性，力求还原事件真实情况，实现好中选优。

④ 正面信息与负面信息对比验证相结合。以实时主流媒体权威舆论为监测要件，对企业单一事件进行导向型甄别，实现动态与静态双评估，力求对影响企业风险防控能力与制约企业可持续发展的关键事件起到预警与正面引导作用。

本报告通过自主获取公开数据、企业填报数据、实地调研、电话或邮件沟通确认等多方式、多途径，对企业可持续发展指标进行收集、验证。指标测算的基础数据时间为 2017 年 1 月 1 日至 2017 年 12 月 31 日。部分企业因兼并重组，集团公司数据不完整，不纳入测算范围。

3.2 测算数据情况

2018 年中国企业可持续发展指数评价工作以数据完整性为重要筛选标准，通过客观、严谨、全面的分析，形成了国内首个以自主研究为主，完整、科学反映中国企业可持续发展状况的研究报告。

3.2.1 行业分布

全样本企业行业分布，涵盖消费品工业，建筑、房地产业，机械设备制造业，消费者服务业，金融保险业，能源化工业，信息技术业，电力、热力、燃气及水生产和供应业，钢铁、有色业，交通运输仓储业，汽车行业，建材行业等主要行业（见图 3-1）。其中，消费品工业企业数量最多，占 18.3%；建筑、房地产业企业数量次之，占 11.7%；建材行业企业数量最少，占 2.8%。

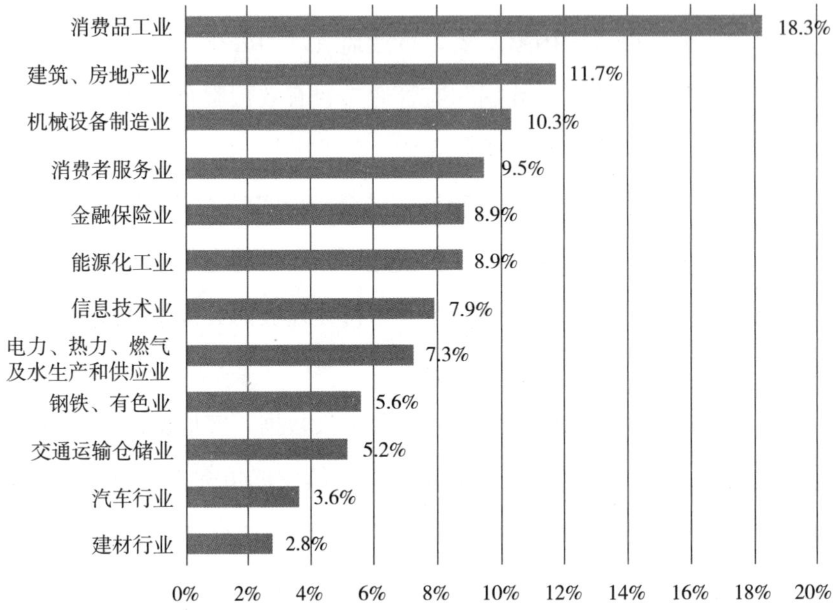

图 3-1　测算企业的行业分布

中国企业可持续发展指数的原则之一即“跨行业覆盖”，在确定样本企业行业分布时，参考国家统计局制定的国民经济行业分类标准（GB/T 4754-2017），将样本企业划归入 12 个行业，实现跨行业、跨企业的普适性比较，提炼出与各行业发展息息相关的共有属性，衡量我国企业的整体可持续发展水平和方向。

与此同时，考虑到指数应用的企业实际需求、推进指数分析维度多元化，中国企业可持续发展指数进一步将 12 个行业细化，分成 35 种业务类别、99 种业务子类别（见附录），以一套详尽的行业分类，将运营情况和管理基础类似的企业划在同一个行业类别，更加清晰地标示企业的整体发展表现，既体现我国的经济发展特点及企业实际情况，又与世界主要行业分类系统[①]接轨。

3.2.2 地区分布

全样本企业的地域分布广泛。北京、上海、广东三地企业占比分别为19.9%、13.2%、13.1%。华东、华北、华南三地区企业占比分别为36.1%、25.1%、22.0%；华中、西南、西北、东北等地区的企业占比相近，均不足6%。样本企业的地区分布情况与我国各省份经济发展的总体趋势相符（见图3–2）。

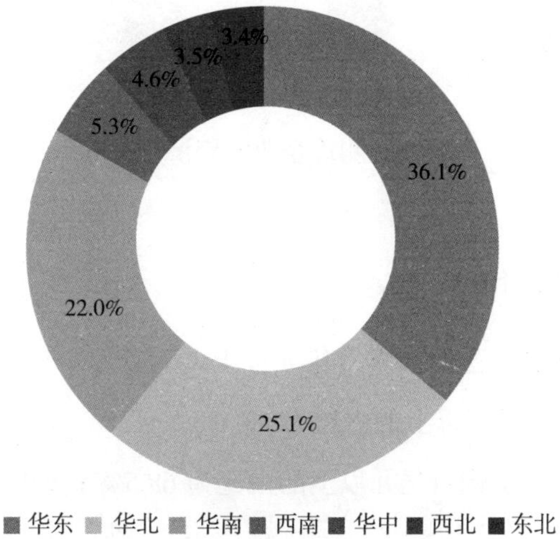

图 3–2 测算企业的区域分布

从企业注册地所处的城市经济带来看，位于长江经济带的企业占比最高，达36.9%；位于京津冀经济带的企业占比次之，为22.8%；粤港澳大湾区企业占比第三，为20.2%（见图3–3）。

① 如标准普尔、摩根士丹利的分类系统，全球行业分类标准（GICS）。

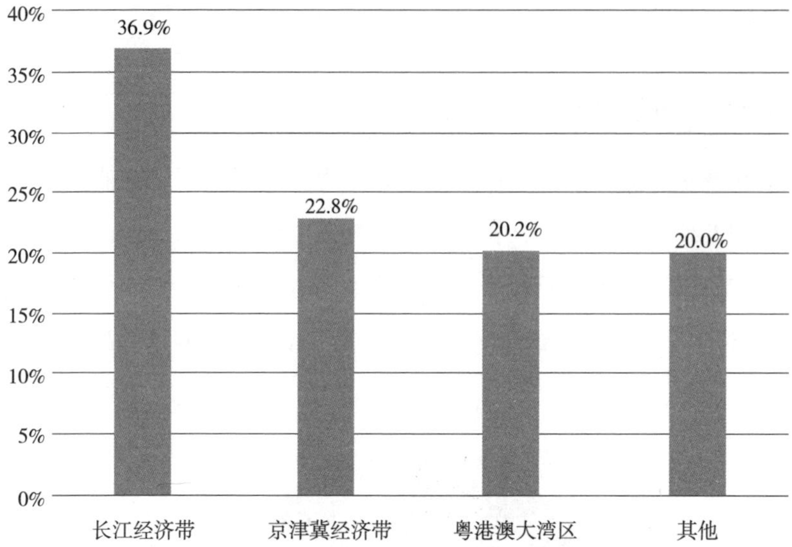

图 3-3 测算企业的经济带分布

3.2.3 规模分布

全样本企业中，营业收入万亿元以上的有 5 家，占比为 0.5%（见表 3-1），营业收入百亿元以上的占比为 53.4%；资产总额万亿元以上的有 59 家，占比为 5.5%，资产百亿元以上的占比为 68.5%（见图 3-4）。

表 3-1 2017 年营业收入超万亿元的企业

企业名称	2017 年营业收入（亿元）	所属行业	总部所在地
国家电网有限公司	23581	电力、热力、燃气及水生产和供应业	北京
中国石油化工集团公司	22097	能源化工业	北京
中国石油天然气集团有限公司	22034	能源化工业	北京
中国工商银行股份有限公司	10850	金融保险业	北京
中国建筑股份有限公司	10541	建筑、房地产业	北京

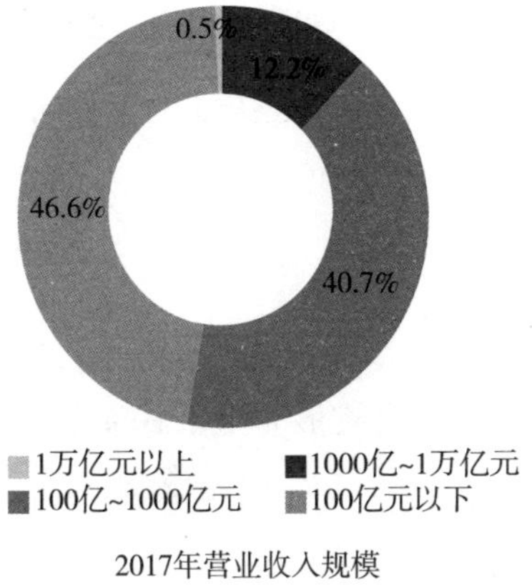

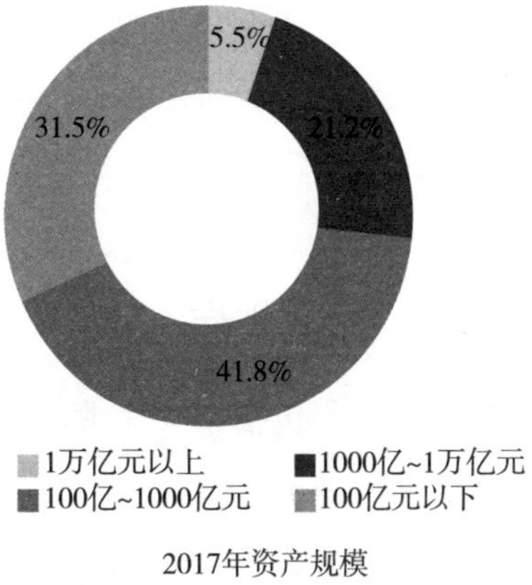

图 3–4　测算企业的营业收入和资产规模分布情况

全样本企业中，近 1/5 是 2018 年中国企业 500 强。这些企业规模及品牌影响力较大，在社会责任、高质量发展、可持续发展等方面，发挥着重要的引领作用。

3.2.4　上市情况

全样本企业中，已上市企业占比达 78.0%。在上海证券交易所（简称“上交所”）、深圳证券交易所（简称“深交所”）、香港联合交易所有限公司（简称“港交所”）上市的企业，占比分别为 26.9%、18.5%、26.5%。

资本市场在企业社会责任、环境责任、绿色发展等方面对上市公司的要求和指引，对企业的可持续发展起到了重要的规范和激励作用。例如，证监会印发的《关于加强上市公司社会责任承担工作暨发布〈上市公司环境信息披露指引〉的通知》《关于开展绿色公司债券试点的通知》等通知，要求“上市公司治理板块”样本公司、发行境外上市外资股的公司以及金融类公司在披露年报的同时，披露社会责任报告；到 2020 年，证监会还将适时修订上市公司报告要求，要求所有上市公司披露环境信息。港交所也于 2015 年发布《环境、社会及管治报告指引》，并计划于 2020 年或之后进一步增加“强制披露规定”，推动企业加强自身风险和内控管理。资本市场在注重上市公司运营及盈利状况的同时，越来越关注上市公司的可持续发展能力。

3.2.5 企业性质

全样本企业包括中央企业、地方国有及国有控股企业、民企、外企、合资企业等多种类型。其中，国务院国资委直管企业、中央金融企业、其他部委直管央企 89 家，占央企总数的 69.0%。

3.2.6 信息披露

全样本企业中，超过 93.5% 的企业以企业社会责任报告、可持续发展报告及企业年报等形式，披露了较为翔实的企业数据及相关信息，充分反映了企业的可持续发展理念、战略、路径及实践成果。其中，国家电网、中国石化、中国宝武、中国建材、国家能源集团、伊利集团、浙江吉利等企业主动填写指数基础数据调查表，定期发布可持续发展相关信息报告，并强调利益相关方关注的内容（见图 3-5）。

随着可持续发展理念的不断深入，越来越多的企业将可持续性作为公司治理、财务和风险管理的核心内容，发布可持续发展相关报告成为落实核心战略的措施之一。企业通过披露非财务信息，提高对利益相关方的信息透明度，可以提升企业形象，助推企业改善管理水平，促进更多重视可持续发展的企业走向成功。

指数研究发现，随着利益相关方的需求和期望不断增长，企业在面临更大压力的同时，在报告发布和信息披露等方面取得了积极进展，并朝着数字报告的方向发展。相比往年，2017 年，越来越多的企业发布了可在线查阅的报告，更多的企业提到了联合国可持续发展目标（SDGs），并开始将自身可持续发展战略与 SDGs 标准进行对标。此外，还有不少企业依据

《全球报告倡议组织（GRI）可持续发展报告指南》披露了企业经济、环境和社会三方面的行动、成效及规划。部分企业还参考了国务院国资委、中国工经联、中国社科院等发布的报告作为编制依据；部分企业在报告中能披露连续 3 年以上的关键指标数据，并对不具备披露条件的数据进行了详细解释说明。

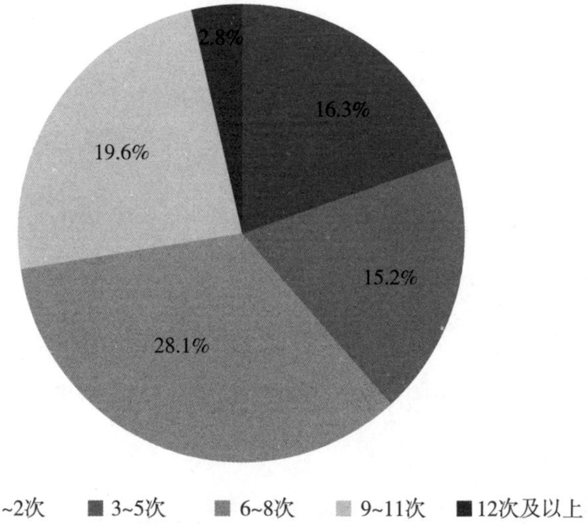

图 3–5　测算企业发布可持续发展报告的连续性

4 总体表现

4.1 整体得分状况

本报告将“企业可持续发展”表述为：企业在追求生存、成长和永续发展的过程中，既要最大限度地开发企业内部资源和潜力，使企业保持持续的盈利增长和竞争能力，又要作为企业公民和社会人，最大限度地高效使用自然资源和能源，积极为社会谋求利益，从而追求企业与利益相关方之间的整体利益最优化。

在这一界定基础上，中国企业可持续发展指数满分 100 分，分为 3 个等级，75～100 分为“良好”，60～75 分为“合格”，60 分以下为“需要改进”（见表 4–1）。

表 4–1 中国企业可持续发展指数分数等级描述

分数区间	等级	具体描述
75～100 分	良好	企业对可持续发展有深刻认识及较为完善的战略、目标及管理体系，竞争力领先、环境绩效好、积极履行社会责任
60～75 分	合格	企业重视可持续发展，作出了相应管理与绩效考核安排，并积极披露相关信息
60 分以下	需要改进	企业在可持续发展的实质性议题识别、信息披露与绩效考核等方面改进空间较大，需要积极对标并采取行动

根据测算结果，全样本企业中，10.9% 的企业表现“良好”，43.2% 的企业表现“合格”，45.9% 的企业“需要改进”（见图 4–1）。全样本企业得

分分布区间为30.2～85.8分，平均得分为61.1分，得分中位数是60.6分，企业可持续发展整体水平表现一般。

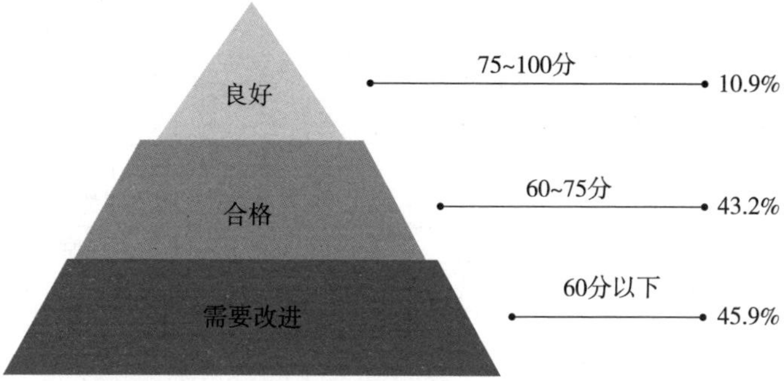

图 4–1　可持续发展指数分数等级示意图

中国企业可持续发展指数通过企业可持续发展指标体系，从竞争力、环境和社会3个维度来测量和评价企业的可持续发展状况，具体包括3个一级指标（维度）、8个二级指标、68个三级指标、191个四级指标，简称“3–8–68–191”指标体系。分别如下：

维度一是竞争力。企业要实现可持续发展，首先要完善公司治理、强化竞争实力，从而在市场竞争中立于不败之地。为此，竞争力维度下设“产品”“治理”“员工”3个二级指标及31个三级指标（其中“产品”14个、“治理”9个、“员工”8个）来衡量企业的竞争力。

维度二是环境。生态环境保护和资源节约利用是企业实现可持续发展必须考虑的一个重要维度，只有大力提高资源利用效率，高度重视生态环境保护，最大限度地降低对自然环境造成的负面影响，企业才可能更好地持续经营。为此，环境维度用“环境”“资源”2个二级指标及20个三级指标（其中“环境”13个、“资源”7个）来衡量。

维度三是社会。企业在成长的过程中与社会众多利益相关方有密切接触，这些利益相关方直接或间接地影响企业经营绩效、企业信誉，甚至企业发展。为此，社会维度下设“客户”“社区”“政府”3个二级指标及17

个三级指标（其中“客户”5 个、“社区”7 个、“政府”5 个）来衡量（见表 4–2）。

表 4–2　中国企业可持续发展指标体系（“3–8–68–191”指标体系）

<table>
<tr><th colspan="3">一级指标</th><th colspan="2">二级指标</th><th colspan="2">三级指标</th></tr>
<tr><th>指标数</th><th>名称</th><th>权重</th><th>指标数</th><th>名称</th><th>指标数</th><th>名称</th></tr>
<tr><td rowspan="8">3</td><td rowspan="3">竞争力</td><td rowspan="3">46%</td><td rowspan="8">8</td><td>产品</td><td>14</td><td>质量控制、研发投入、知识产权保护、品牌建设、绿色采购等</td></tr>
<tr><td>治理</td><td>9</td><td>可持续发展战略、风险控制体系建设、国际化发展、诚信管理体系建设等</td></tr>
<tr><td>员工</td><td>8</td><td>员工参与、职业健康与安全、多元化、员工发展等</td></tr>
<tr><td rowspan="2">环境</td><td rowspan="2">29%</td><td>环境</td><td>13</td><td>环境信息公开、环境管理体系、碳减排成效、生物多样性保护等</td></tr>
<tr><td>资源</td><td>7</td><td>资源管理体系、资源利用信息公开、循环利用协同处理、清洁能源利用等</td></tr>
<tr><td rowspan="3">社会</td><td rowspan="3">25%</td><td>客户</td><td>5</td><td>客户关系管理、客户信息保护、绿色消费倡导等</td></tr>
<tr><td>社区</td><td>7</td><td>慈善捐赠、尊重社区文化、社区发展支持等</td></tr>
<tr><td>政府</td><td>5</td><td>政府沟通、就业政策落实、扶贫支出等</td></tr>
</table>

注：篇幅所限，四级指标不予列出。

通过多要素、多层次、定量化的企业基础数据收集与分析，得出中国企业可持续发展指数整体得分情况，简洁、有效地指向了竞争力、环境、社会 3 个维度在企业可持续发展中的重要性差异，反映出企业的可持续发展能力和可持续发展潜力。其中，竞争力维度权重为 46%，环境维度权重为 29%，社会维度权重为 25%。

从 2018 年中国企业可持续发展指数评价来看，3 个一级指标的具体情况如下：竞争力维度的得分率为 74.0%、企业表现“合格”、接近“良好”（得分率 75% 以上定义为“良好”，得分率 60%～75% 定义为“合格”）；环境维度的得分率为 63.0%，企业表现处于“合格”的底端；社会维度的得分率为 76.6%、企业表现“良好”（见图 4–2）。参照权重分布，指数得分分布情况体现了可持续发展的核心内涵，企业要获得可持续发展，首先要打造内生的核心竞争力，在竞争中处于相对优势地位，同时兼顾环境和社会的和谐发展。

二级指标的得分率呈现出明显差异，8 个二级指标的得分率分别为：“产品”62.1%、“治理”72.6%、“员工”96.4%、“环境”73.6%、“资源”43.5%、“客户”72.1%、“社区”73.8%、“政府”85.1%（见图 4–3）；其中，“员工”指标得分率最高，“资源”指标得分率最低。得分趋势与各细分指标的信息披露率一致，企业在劳工类指标上披露较多，而在资源类指标上披露信息较少。总体来看，环境维度下的 2 个二级指标得分情况最差，社会维度下的 3 个二级指标整体得分情况最好，竞争力维度下的 3 个二级指标得分情况介于两者之间。

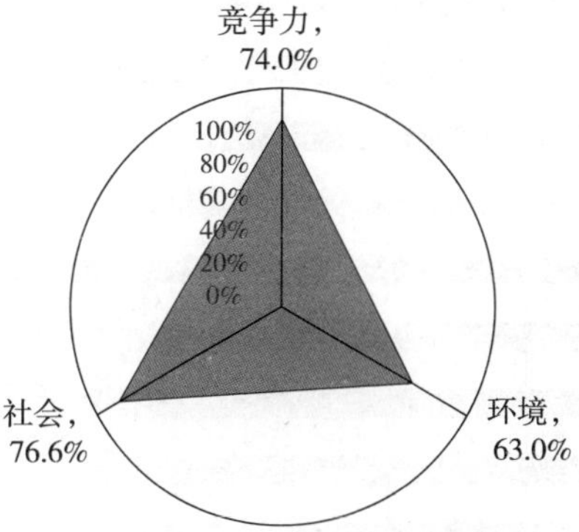

图 4–2　测算企业一级指标得分率

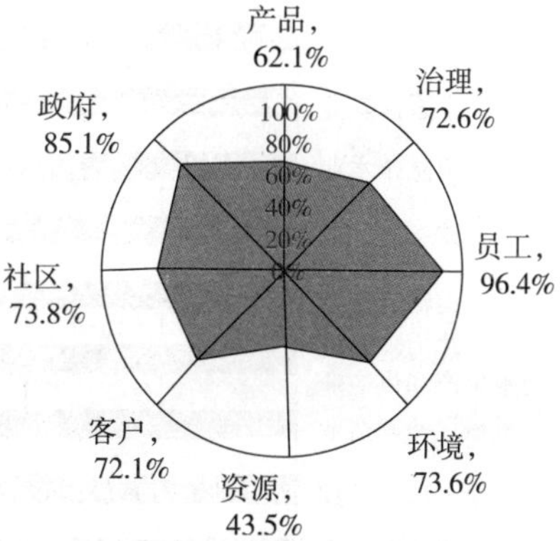

图 4–3　测算企业二级指标得分率

从 3 个一级指标和 8 个二级指标的得分情况来看，全样本企业在资源、环境、安全等方面有待加强，对资源、环境、安全等相关方面的数据统计与披露的重视程度还不够，相关管理与沟通机制尚不健全。通过对不同维度的三级指标得分情况、分行业得分、基础数据等进行研究、开展实质性评估和指数评价，将为企业提升整体可持续发展表现提出具体的参考信息和努力方向。

4.2 行业表现

全样本企业因所处行业特点及企业产品技术与服务等方面的差别，在可持续发展各领域的表现既有共性也有差异。从 12 个行业的年度可持续发展表现来看，综合表现得分由高到低依次为：汽车行业（66.3 分），金融保险业（62.9 分），信息技术业（62.5 分），钢铁、有色业（62.4 分），交通运输仓储业（61.9 分），电力、热力、燃气及水生产和供应业（61.4 分），机械设备制造业（61.3 分），建筑、房地产业（61.0 分），消费品工业（60.7 分），能源化工业（59.8 分），建材行业（58.6 分），消费者服务业（57.9 分）；综合表现得分最高与最低的行业得分差值为 8.4 分（见图 4-4）。

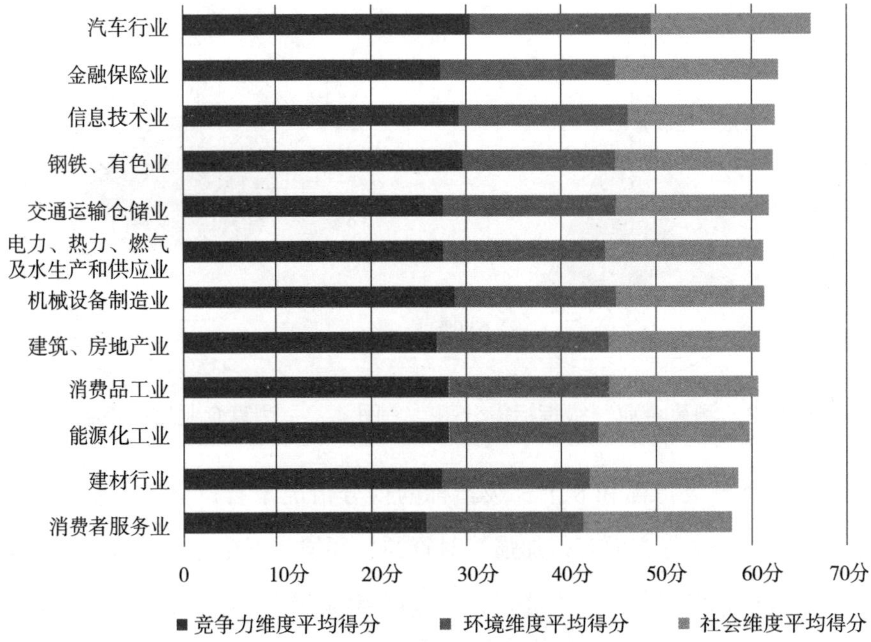

图 4-4　不同行业企业的得分情况

其中，汽车行业样本企业的可持续发展指数最高，在竞争力维度和环境维度的表现均是行业第一，这展现了汽车行业作为技术密集、资本密集且劳动密集的高端制造业，在可持续发展战略、执行力和价值链控制力等方面的优秀表现；可持续发展指数表现最差的是消费者服务业，竞争力维度的平均得分为12个行业中最低，相比其他主要行业，消费者服务业企业规模相对较小，尤其需要重视全行业的经营合规性与管理规范性。

3个维度的行业表现具体如下。

（1）竞争力维度

各个行业的指标得分率分布在69.9%～78.3%。12个行业在竞争力维度的综合表现得分率由高到低依次为：汽车行业，钢铁、有色业，信息技术业，机械设备制造业，能源化工业，消费品工业，建材行业，电力、热力、燃气及水生产和供应业，金融保险业，交通运输仓储业，建筑、房地产业，消费者服务业。其中，得分率最高的汽车行业，得分率为78.3%；得分率最低的消费者服务业，得分率为69.9%（见表4–3）。竞争力维度上不同行业的得分率没有显著差异，均围绕“良好”底线（得分率75%）窄幅波动。各行业企业对经济类指标的管理制度、绩效考核和信息透明度均较为重视，例如，在可持续发展战略制定、可持续发展报告发布等方面，企业在金融资本市场、政府管制机制和社会高度重视的外在环境下，在自身高质量发展和企业转型升级的内在驱动下，达成普遍共识，表现向好。

表4–3 12个行业竞争力维度得分率

行业	得分率
汽车行业	78.3%
钢铁、有色业	77.0%
信息技术业	76.5%
机械设备制造业	75.3%
能源化工业	75.1%
消费品工业	74.6%

续表

行业	得分率
建材行业	73.8%
电力、热力、燃气及水生产和供应业	73.6%
金融保险业	73.6%
交通运输仓储业	73.4%
建筑、房地产业	72.6%
消费者服务业	69.9%

（2）环境维度

各个行业的指标得分率分布在58.8%～67.4%。汽车行业得分率最高，为67.4%；能源化工业，建材行业，钢铁、有色业表现较差，得分率明显低于其他行业，分别为58.8%、59.0%、59.2%（见表4-5）。可以看出，企业在环境维度的表现受其所在行业的影响较大。能源化工业，建材行业，钢铁、有色业企业较为重视利益相关方关注的环境维度下的实质性三级指标，尤其是对能展示企业履行环境责任实践的三级指标，能通过企业年报、可持续发展报告等途径作相应披露；金融保险业、信息技术业、机械设备制造业、消费品工业等行业，虽然环境维度的得分率不是最低，但评价过程中发现，这些行业的企业普遍存在资源环境等方面数据公开不完整、信息透明度较低等问题，相关企业应提高对环境维度的重视程度，并建立完整的管理体系、数据监测和对外沟通制度。应该指出的是，消费者服务业对资源环境的消耗在一定程度上隐蔽性较强，且因其点多面广的行业特性，环境管理的难度较大；随着国民经济的不断发展，消费者服务业处于快速发展阶段，整个行业对资源的消耗与对环境的影响不容忽视。全行业和社会亟须高度重视其对资源环境的巨大影响，从环境管理的高度梳理企业与自然、与社会的关系，尤其要发挥领先企业的示范和引领作用，避免长期积累，造成严重后果。

表 4-4 12 个行业环境维度得分率

行业	得分率
汽车行业	67.4%
金融保险业	66.7%
建筑、房地产业	65.9%
交通运输仓储业	65.2%
信息技术业	64.6%
电力、热力、燃气及水生产和供应业	62.6%
机械设备制造业	62.3%
消费品工业	62.1%
消费者服务业	60.7%
钢铁、有色业	59.2%
建材行业	59.0%
能源化工业	58.8%

（3）社会维度

各个行业的指标得分率分布在 75.1%～80.3%。金融保险业得分率最高，为 80.3%；消费者服务业、消费品工业、信息技术业得分率略低，分别为 75.1%、75.4%、75.6%（见表 4–6）。可以看出，随着我国政府对企业合规经营的监管逐步加强、社会舆论监督水平日益提升，不同行业企业在社会维度的整体表现日趋良好。指数评价发现，大多数样本企业，对于社会维度的三级指标，尤其是易于采集的数据和能很好展示公司履行企业社会责任的信息，都能进行很好的沟通与披露；但与国际先进实践相比，各行业企业在系统管理、量化考核和长期追踪等方面还存在一定的差距，有必要建立完善的社会维度管理系统和日常监控机制，为持续改进和提升企业的社会维度绩效打下坚实的基础。资产规模越大的企业，在社会维度具体指标上的投入和绩效表现越好，这个现象在各个行业都较为普遍；资产规模相对较小的企业应当引起重视，主动强化社会维度的管理及表现。

表 4–5　12 个行业社会维度得分率

行业	得分率
金融保险业	80.3%
钢铁、有色业	79.7%
汽车行业	79.5%
电力、热力、燃气及水生产和供应业	78.6%
建筑、房地产业	77.3%
能源化工业	76.7%
交通运输仓储业	76.7%
建材行业	75.8%
信息技术业	75.6%
机械设备制造业	75.5%
消费品工业	75.4%
消费者服务业	75.1%

4.3　企业情况

整体来看，测算企业可持续发展指数平均得分为 61.1 分（满分 100 分），得分分布在 30.2～85.8 分。

从企业性质来看，测算的中央企业[①]的可持续发展指数平均得分为 71.5 分，高出测算企业均值 16.9%；央企在竞争力、环境、社会 3 个维度的得分分别高出平均水平 19.4%、11.1%、18.7%，在“质”和“量”上都位居前列（见图 4–5）。测算显示，央企普遍重视可持续发展，积极转向高质量发展，注重人与自然和谐共生，主动关注国际发展趋势，能够较为自觉地落实联合国 2030 可持续发展目标（SDGs）。这也反映出央企主管部门对企业可持续发展的严格管理。国务院国资委 2008 年颁布《关于中央企业履行社会责任的指导意见》，对央企履行社会责任提出明确要求。10

① 如无特别说明，本书中的“中央企业”均指测算企业中的央企，以下简称“央企”。

多年来，遵循党和国家的战略需要、服务经济社会的发展大局，央企承担了大量国家重大研发、建设、生产、试验等任务，以及与国计民生直接相关的服务和保障任务，在推进生态文明建设、转变发展方式、精准扶贫攻坚、打造国际化品牌、培育世界一流企业等领域发挥了排头兵的作用，可持续发展指数表现整体上走在企业前列。

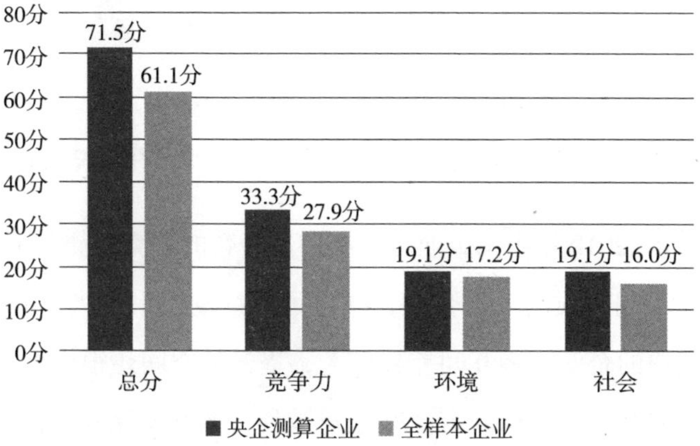

图 4–5　央企测算企业与全样本企业的得分情况比较

从企业规模来看，中国 500 强测算企业平均得分为 67.5 分，可持续发展水平高于测算企业平均水平，说明企业在做大的同时也普遍注重发展的质量和效益，在做优做强方面迈出坚实步伐（见图 4–6）。根据中国企业联合会发布的数据，2018 年中国企业 500 强的显著特征包括："一是营业收入增速有所加快，经济效益持续改善；二是结构优化势头不减，新业态新模式不断涌现；三是研发强度较大提升，专利质量明显提高；四是国际地位更加突出，跨国经营能力稳步提升。"但也要看到，中国 500 强企业的可持续发展水平还有较大提升空间。例如，仅有 42.8% 的 500 强企业通过企业可持续发展报告的形式与公众沟通企业在可持续发展和社会责任等方面的表现，且相关信息披露的系统性和完整性也有待增强。

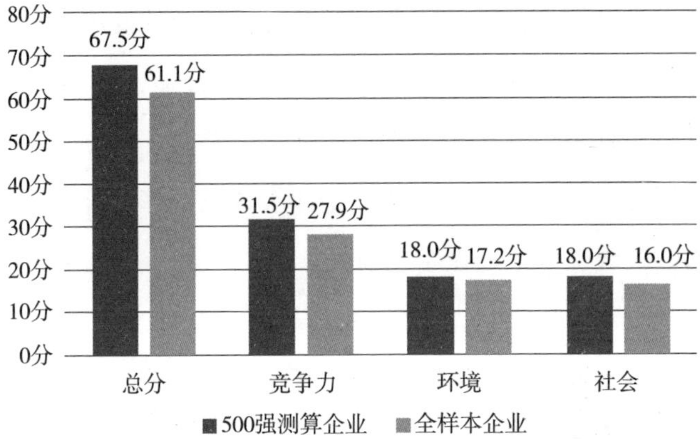

图 4-6　500 强测算企业与全样本企业的得分情况比较

整体来看，2018 年中国企业可持续发展指数的测算，涵盖了不同行业、不同地区、不同性质的千家企业，既有可持续发展水平优秀的领先企业，也有进步较快的企业，相互间差异较大，提升的空间还很广阔。领先企业在可持续发展理念、战略制定、路径选择及实施方案等方面，建立了制度保障体系，树立了企业品牌形象，获得了较丰富的实践成果，为引领行业整体的进步贡献了标准、规范和优秀实践，为中国企业的可持续发展起到了典型示范作用；更多企业在可持续发展的实质性议题识别、信息披露与绩效管理等方面，需要积极对标、采取行动。

综上分析，2018 年中国企业可持续发展指数测算，涵盖了表现“良好”“合格”“需要改进”的三类企业；测算企业在竞争力、环境和社会 3 个一级指标，8 个二级指标和 68 个三级指标上的表现有所差异，具有共性的优势和不足之处；指数评价充分考虑了企业所处行业的特征与差异，为不同行业制定具体参数，在企业与测算企业整体水平对标的基础上，实现了企业与同行业企业的横向指标评价与定位；指数评价从企业自身发展规律出发，契合中国企业的阶段性发展任务，适合我国社会、经济和企业发展的阶段性和成长性特点。

2018年中国企业可持续发展指数测算了全样本企业的可持续发展表现，揭示了现阶段企业发展特性，反映了我国特有的经济环境及发展模式，符合企业可持续发展的本质要求，对企业的可持续发展战略制定、发展能力、行为以及成果进行了跟踪、研究、评价。实践证明，中国企业可持续发展指标体系能够客观、公正、科学地反映我国企业可持续发展整体水平、行业特征和企业情况。

5 竞争力维度

5.1 维度指标概述

竞争力维度包含“产品”“治理”“员工”3 个二级指标、31 个三级指标；其中,“产品”包含 14 个三级指标、“治理”包含 9 个三级指标、“员工”包含 8 个三级指标。

竞争力维度得分率为 74.0%。在竞争力维度下的 3 个二级指标中，“员工”得分率最高，为 96.4%；“治理”得分率次之，为 72.6%；“产品”得分率最低，为 62.1%（见图 5–1）。整体而言，竞争力维度是 3 个维度中企业重视程度较高、数据披露较完整的维度。其中，企业劳工相关内容的披露情况最好，这与“员工”指标得分率最高的结果一致。

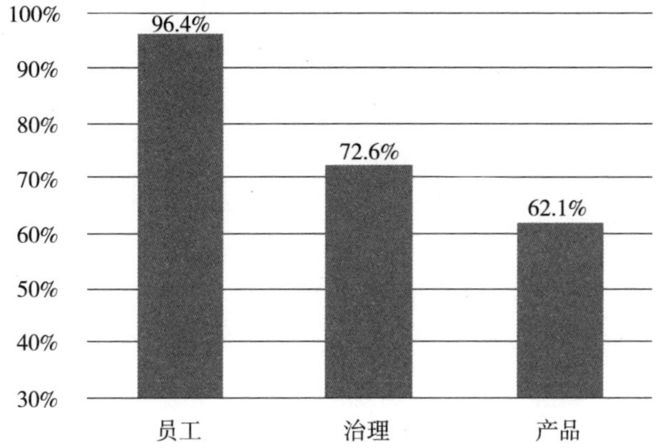

图 5–1　竞争力维度所含二级指标得分率情况

竞争力维度中，不同行业的表现差异较大，12 个行业的平均得分率分布在 69.9%～78.3%。汽车行业，钢铁、有色业，信息技术业得分率位于前三，分别为 78.3%、77.0%、76.5%（见图 5-2）。

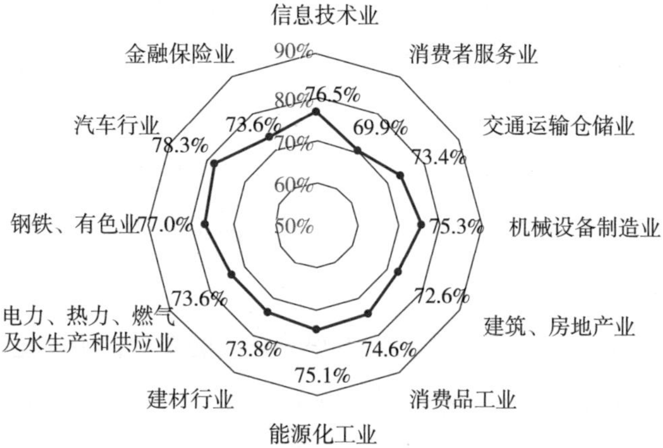

图 5-2　不同行业企业竞争力维度表现

该维度表现最佳的 3 个行业在竞争力方面各有突出特点。

汽车行业作为传统制造产业，在管理理念、管理方法与消费市场方面表现更为成熟，特别是经过几十年的产业积累与技术升级，产品线比较完善，品牌基本稳定，企业整体水平较高，但在质量控制、创新成果等方面低于全行业整体水平，还有较大的努力空间。

钢铁、有色业在 2018 年整体继续平稳发展。纳入指数评价的 60 家钢铁、有色业企业，是在中国乃至全球相关产品和服务领域位居前列的大公司，近两年销售额、利润等经济指标触底反弹，可持续发展绩效表现良好，转型升级、集约式发展的战略规划和务实行动尤为突出。

信息技术业是我国的基础性和战略性产业，在国家《软件和信息技术服务业发展规划（2016—2020 年）》等产业扶持和优惠政策的推动下，在行业领先企业持续创新的带领下，行业景气度高企，近年来高速增长。在竞争力维度下，信息技术业样本企业的研发投入整体水平居所有行业之首，“创新成果”“品牌建设”等三级指标也表现优良。但与全行业平均水平相比，在“知识产权保护”“质量控制”等三级指标上得分略低，需引起重视。

同行业不同企业之间得分差异也较大。仅以得分率最高的汽车行业和得分率最低的消费者服务业为例：汽车行业中，企业得分平均值为 30.4 分（竞争力维度满分 44 分），得分分布在 19.4～40.0 分，表现最好的企业和最差的企业之间得分差值为 20.6 分；消费者服务业企业得分分布在 17.0～37.4 分，平均值为 25.7 分，表现最好的企业和最差的企业之间得分差值为 20.4 分。

指数评价发现，在竞争力维度上得分较高的企业，主要是在“新产品创效”“绿色采购”“国际化发展”“研发投入”等三级指标上比其他企业重视程度更高、取得了更好的成效，明显拉开了差距。

2015 年 10 月，党的十八届五中全会提出了“创新、协调、绿色、开放、共享”五大新发展理念，将绿色发展作为关系我国发展全局的一个重要理念。为促进企业重视绿色制造，推进产业转型升级，国家陆续出台了一系列有关企业绿色发展的政策、规划和措施。工业和信息化部印发了《工业绿色发展规划（2016—2020 年）》《工业节能与绿色标准化行动计划（2017—2019 年）》；工业和信息化部办公厅发布了《关于开展绿色制造体系建设的通知》；工业和信息化部与国家标准化管理委员会联合印发了《绿色制造标准体系建设指南》；等等。同时，各级政府高度重视可持续发展理念，并切实融入我国经济发展的各个领域，相继印发了一系列推动我国经济转型升级和引导、规范、鼓励企业可持续发展的政策措施。这些措施越来越细、越来越实，有力地支持企业将绿色、低碳、可持续发展内化于自身战略和文化，贯穿于生产经营全过程。

“十三五”时期，我国供给侧结构性改革成效逐步显现，国内经济运行总体稳中向好、好于预期，国内生产总值（GDP）同比实际增长 6.9%。

我国服务业增加值占 GDP 的 51.6%，对 GDP 增长的贡献率达到 58.8%。居民服务消费占全部消费支出的约 40%，消费性服务业已成为我国经济保持中高速平稳增长的主要动能，为推动我国消费转型升级作出了重要贡献。但也要认识到，互联网带动的消费服务业是一个新兴行业，服务业在我国消费、经济转型升级过程中如何持续高速增长，行业内企业如何兼顾可持续发展，已成为我国经济实现高质量、高效益发展的重要课题。

随着供给侧结构性改革的不断深化，在去产能、去库存、去杠杆、降成本、补短板过程中，企业承压能力的差异性越来越显著。领先企业因为长期重视企业的可持续发展，将可持续发展理念融入公司战略与日常经营，不断完善公司治理结构，加强科技创新力量与成果转化，增强产品与服务核心能力，提高了企业市场竞争力。当经济快速发展时，这种“基础性基因”优势隐性化；但当经济处于趋稳、缓降周期时，“基础性基因”优势就会显性化并爆发出强劲动力。良好企业[①]平均得分，远高于全样本企业得分均值。这就是长期积累的内生动力的有力证明。

5.2 产品

企业的生存和发展离不开创新性的优质产品，既要考虑当前产品的竞争力，也要考虑未来新产品的持续供应。为此，“产品”二级指标下设有“质量控制”“研发投入”“知识产权保护”“品牌建设”“绿色采购”等 14 个三级指标。

2018 年指数测算的“产品”二级指标得分率为 62.1%。得分率高于 90% 的企业占比为 0.7%；得分率在 60%～90% 的企业占比为 55.0%；得分

① 本报告中，良好企业指可持续发展指数表现位列“良好”等级的企业，下同。

率低于 60% 的企业占比为 44.3%（见图 5-3）。

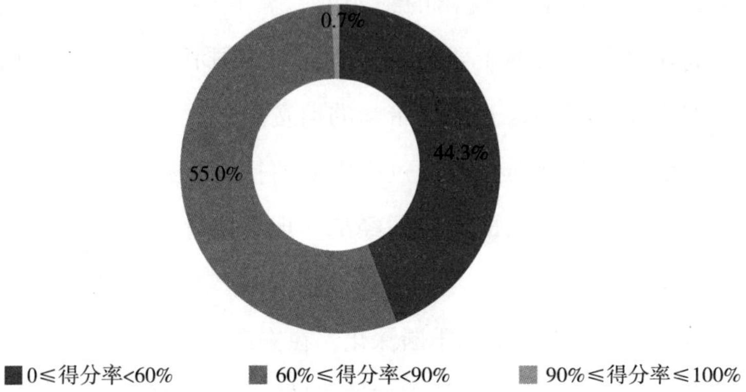

图 5-3 “产品”指标得分率分布情况

“产品”指标是竞争力维度下拉开得分差距的最主要二级指标。例如，汽车行业在竞争力维度上表现优异，主要得益于其“产品”指标表现较好，高出平均水平 7.7 个百分点，而消费者服务业在竞争力维度上表现较差，也主要是因为“产品”指标得分率低于平均水平 6.5 个百分点，表现不佳（见图 5-4）。

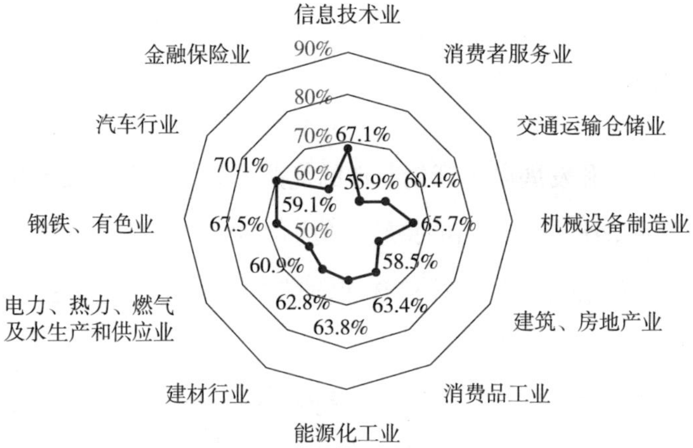

图 5-4 不同行业企业“产品”指标表现

从 14 个三级指标来看，“新产品创效”“绿色采购”“创新成果”“市场占有率”“研发投入”“质量提升”“智能化”7项指标得分率较低，均在50%以下；“质量控制”“知识产权保护”2项指标得分率较高，均高于75%；“不正当竞争”“供应商违规”“质量问题”3项指标基本没有失分（见图5–5）。

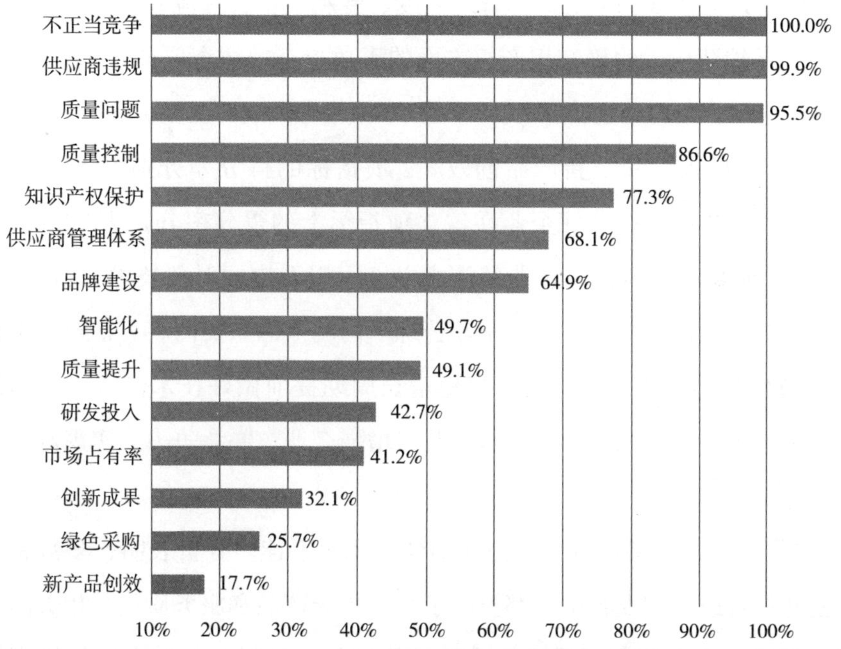

图5–5　“产品”指标包含的三级指标表现

具体来看，“知识产权保护”指标得分率为77.3%，表现较好。外部环境方面，近年来，公众对知识产权制度和知识产权保护的认同度普遍提高；政府多部门联合发文，通过开展专项执法、公开典型案件、加大正面宣传力度与开展反面案例教育等方式，全面落实“依法治国”基本方略；社会公众环境的改变与监管约束力的增强，促使企业在遵守国家法律法规、强化知识产权保护意识等方面有了进一步提高。企业能遵循《中华人民共和国商标法》《中华人民共和国专利法》《中华人民共和国著作权法》《中华人民共和国反不正当竞争法》和《中华人民共和国对外贸易法》等法律法规，推进知识产权开发利用与保护。部分测算企业，在做好自身知识产权保护的同时，还进一步发挥引领作用，带动知识产权保护向供应链延伸，作出了有益的探索和尝试。与此同时，还有 22.7% 的测算企业尚待建立系统化、规范化、常规化的知识产权管理体系，包括建立企业产权保护工作管理办法或相应的商标管理制度、专利申报管理流程，组建知识产权专利保护队伍，明确知识产权方面的事故追查、调查取证和责任认定，等等。

“研发投入”和“新产品创效”2 项指标的得分率分别为 42.7% 和 17.7%，表现较弱；良好企业在这 2 项指标上的得分率分别为 72.9% 和 44.3%，明显高于全样本企业整体水平。可以看出，对新技术、新工艺、新产品的持续创新与投入，是企业苦练“内功”的重要内容。在经济增长稳中趋缓时，企业应为下一个高速增长周期提前做好技术储备、产品创新、工艺革新，兼顾短期与长期利益，增强企业核心竞争力，实现健康可持续发展。

“质量提升”指标得分率为 49.1%，表现不佳。分析表明，多数企业在公开报告或官方发布中，都披露了与“提升产品和服务质量”相关的内容；约半数企业披露了质量提升的具体措施及成果，如健全质量管理体系、与国际先进企业对标、产品质量问题检出率下降、产品质量提高等；仅有约 1/5 的企业对顶层设计、具体措施、目标和计划等进行了解释，并列出了具体行动计划。企业的质量提升意识有一定提高。同时，在产品及服务质量方面，企业加强了对供应商的管理，能将违法违规并受到行政处罚或警告的企业从供应商名单中剔除，逐渐形成内部良性循环的约束激励机制，取得了明显成效；政府监管部门的通报及主流权威媒体的负面报道也呈现下降趋势。然而，产品和服务深层次改革与更新换代的内生动力仍然不足，提升空间较大。

“绿色采购”指标得分率仅为 25.7%，表现较差，需要引起企业的普遍重视。2014 年，原环境保护部联合商务部和工信部共同出台了《企业绿色采购指南》，对企业如何将绿色环保的内容融入产品的全生命周期作出了指导。绿色采购包括产品、服务与工程三大类，对于引导绿色发展、优化资源配置、培育生态文明有着重要意义。中国政府高度重视绿色采购，相继出台了《政府采购法》《清洁生产促进法》《循环经济促进法》《固体废物污染环境防治法》等法律法规，并自“十二五”时期起明确将绿色公共采购作为建设环境友好型社会的重要手段。企业是政府之外最大的绿色采购主体。绿色采购在环境保护、带动公众绿色消费行为、实现社会可持续发展等方面发挥着越来越重要的积极作用。国际领先企业近 10 年来日益关注绿色供应链建设与管理，发挥着重要的领导作用。中国领先企业亟须行动起来，在制定明确绿色采购管理办法，提出环境友好、高能效等采购和项目招标要求的同时，关注产品全生命周期的可持续性，将绿色采购作为抓手，运用科学工具与方法，与供应链企业携手，共同提升企业乃至全行业的可持续发展能力。

“智能化”指标得分率为 49.7%，整体表现一般。其中，交通运输仓储业表现突出，高出平均水平 15.8 个百分点；而消费者服务业表现最差，低于平均水平 8.0 个百分点。对于我国绝大多数成长于传统行业的大企业来说，直面互联网时代带来的挑战，打造以持续进化为特征的产业生态圈，构建难以取代的竞争优势，是未来发展的新趋势。在国家科技发展战略及政策的指导下，智能制造、绿色制造已经成为新一轮工业革命和企业升级的新动能。通过关键工艺和装备的创新应用，开发一批具有自主知识产权的重点工艺和装备，制定一批关键技术标准，提升重大装备自主保障能力，将为企业的可持续发展提供重要保障。有不少企业已经走上智能化转型升级道路。交通运输仓储业高度重视智能化建设，构建全球领先的智能生产控制系统，开创全自动化集装箱作业，打造智能平台，实现智能运营、智能分拣、智能运输、智能派送，等等；其他行业也在探索推进智能化进程，实现精益化、自动化、信息化、绿色化生产，有效支撑柔性生产，消除无效浪费。

国内外先进经验表明，科学的方法，整体优化的思想，协调一致、全员参与和全过程控制的管理原则，充分体现了现代工业生产和提高产品质量的客观要求，对我国加强质量管理、提高产品质量是适用的。[①] 实践证明，国家的经济发展程度可以不同，但都需要政府从宏观上积极引导企业站在质量经营角度，从优秀追求卓越。[②]

案例分享

积极推进产品质量提升和产业结构升级

企业名称	沈阳鼓风机集团股份有限公司（以下简称“沈鼓集团”）
关 键 词	质量提升、品牌建设、新产品创效

沈鼓集团积极推进产品质量提升和产业结构升级，深耕数字化、国际化、多元化等领域。2017 年，实现我国首台大型沸腾床加氢装置用往复压缩机研制，完成我国最大 50 万吨乙二醇装置用酯化循环气压缩机组国产化，自主研发、设计、制造的中国首台套 120 万吨 / 年乙烯装置在中海壳牌现场一次空负荷试车成功，标志着中国乙烯行业机组最大、安装最快、指标最优的新纪录诞生。

中海壳牌 120 万吨 / 年乙烯三机项目是目前为止国内规模最大的乙烯装置，其核心设备乙烯机、丙烯机、裂解气压缩机组全部由沈鼓集团承制。该项目的一次性试车成功，绝非偶然。在 26 天的调试试车时间里，凝聚着沈鼓人的辛勤付出和智慧结晶，从项目施工开始，每个节点都确保三机组施工质量，制定详细周密的调试工作安排，如期完成三机组各大系统的调试指标计划，为试车创造最佳条件。三机

① 袁宝华 . 袁宝华回忆录［M］. 北京：中国人民大学出版社，2018：338.

② 袁宝华 . 袁宝华回忆录［M］. 北京：中国人民大学出版社，2018：340.

组吊装采用了整体撬装方式，在国内尚属首例。

实施供应商可持续发展计划

企业名称	帝斯曼（中国）有限公司（以下简称“帝斯曼”）
关 键 词	供应商管理体系、风险控制体系建设

帝斯曼通过供应商可持续发展计划（SSP）与供应商进行业务接洽，加强供应链管理，降低风险和成本，为社会和公司创造价值。合规计划和解决方案是帝斯曼 SSP 的两大要素。在合规计划中收集到的见解使其能够非常清楚地确定与供应商开展业务的方法。通过优化业务解决方案等举措，邀请供应商帮助公司提升在可持续发展、创新、业务增长、供应安全、新业务模式和战略联盟等领域的竞争力。

自 2015 年以来，帝斯曼与“携手实现可持续发展”化学行业倡议（TfS）合作。TfS 旨在制订和实施全球审计计划，以评估和改进化工行业供应链中的可持续性实践。2017 年，帝斯曼采用这种方式对约 4700 家供应商进行了筛选，最终将 1.2% 的供应商确定为“有风险的供应商”。根据内部后续指导原则，进一步对这些供应商的设施进行现场审核，从而确保其执行改进计划。与 TfS 的合作还让帝斯曼能够根据环境绩效、社会影响、人权和劳工待遇等标准筛选出 10% 的新供应商。

物联时代创新战略开拓发展

企业名称	京东方科技集团股份有限公司（以下简称“京东方”）
关 键 词	创新战略、创新成果、智能化、标准制定

京东方创造性地提出物联时代的创新战略——开放两端、芯屏气/

器和，与各行业合作伙伴协同创新，共享物联网市场新机会，创造新价值。芯，即芯片，是计算、通信、传感等单元的核心部件；屏，即显示屏，是人机交互单元的核心部件、物联网的信息出入口；气，即软件和内容，它们是无形的，如同空气一样存在或被传送；器，是各类功能硬件，硬件要成为物联网的节点或端口，需要加上芯、屏和“气”。京东方将这种开放、协同、共赢的产业生态系统称为：芯屏气／器和。

2017 年，京东方继续加大研发投入，完善创新体系，新增专利申请 8678 件，其中发明专利超 85%；以 1818 件全球国际专利（PCT），位列 2017 年全球 PCT 第七；此外，主持推进包括 IEC 国际标准、中国国家标准、行业标准等 42 个标准的制修订项目。

积极开展知识产权管理体系认证工作

企业名称	美的集团股份有限公司（以下简称“美的集团”）
关 键 词	知识产权保护、知识产权管理体系

为保护和规范公司知识产权和专利成果，美的集团智慧家居公司积极开展知识产权管理认证工作，已于 2017 年通过第三方审核，获得知识产权管理体系认证证书。以此为基础，对核心产品进行专利布局，对产品的市场和销售起到重要的保驾护航作用，以更加专业的形象和优质的服务，为客户打造更智慧、更便捷、更舒适的智慧生活体验。

聚焦技术创新、高质量发展

企业名称	中国交通建设股份有限公司（以下简称“中国交建”）
关 键 词	新产品创效、高质量发展、智能制造

中国交建聚焦高端装备、智能制造、智慧城市、智能交通、新能

源装备等产业领域，取得了丰硕成果。厦门远海等环保自动化集装箱码头陆续建成投产；海工装备制造能力不断提升，“整平船”“沉放驳”等重大装备有力地支持了港珠澳大桥岛隧项目建设；盾构机生产实现飞速发展，市场占有率稳居前三；新能源公交产业取得阶段性成果；垃圾发电业务已正式起步，光伏发电产业初见成效。

5.3 治理

“治理”指标专项评价企业的管理运营能力、合规经营等内容。参考西方现代企业制度和公司治理的内涵，并结合中国企业运营方式和治理结构的特点，在该二级指标下设置了“可持续发展战略”“风险控制体系建设”“国际化发展”“诚信管理体系建设”等9个三级指标。

2018年指数测算的“治理”二级指标得分率为72.6%。得分率高于90%的企业占比为7.3%；得分率在60%～90%的企业占比为81.9%；得分率低于60%的企业占比为10.8%（见图5–6）。

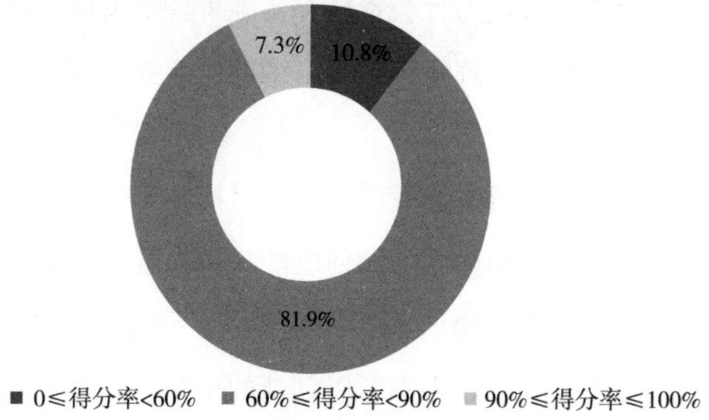

图5–6 “治理”指标得分率分布情况

12 个行业在“治理”指标下的得分率差异不大。金融保险业的平均得分率最高，为 75.5%，但与其他行业相比在“可持续发展战略”上略显不足；消费者服务业得分率最低，为 68.5%，是唯一一个得分率低于 70% 的行业，与其他行业在公司治理表现上有明显差距（见图 5–7）。

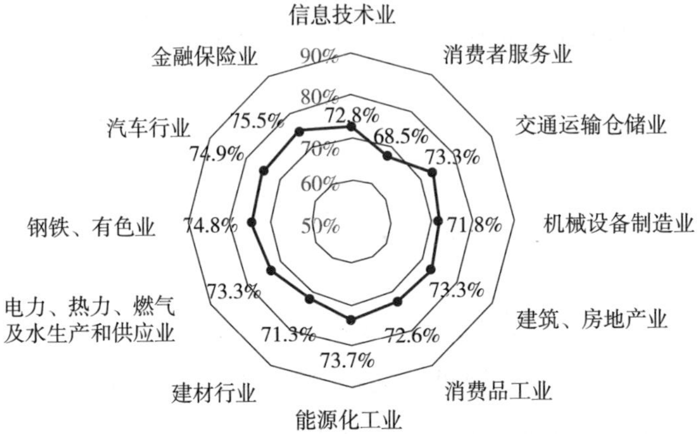

图 5–7　不同行业企业“治理”指标表现

从 9 个三级指标来看，“可持续发展战略”指标得分率为 62.6%（见图 5–8）。电力、热力、燃气及水生产和供应业得分最高，该行为企业遵循“创新、协调、绿色、开放、共享”的新发展理念，积极发展清洁能源，深入履行企业的经济、环境与社会责任，实施可持续发展战略；并能积极倡导可持续价值链，充分发挥纽带作用，帮助供应商、承包商提升履责能力，打造可持续价值链。

需要强调的是，实现可持续发展的最终目标在于经济、社会、环境的同步协调发展。从企业视角来看，如何既能维持自身的长期获利，又能满足各界对企业遵循可持续发展理念的预期要求，是现今面临的主要挑战。企业要保持持续的发展动力，需不断以创新的精神、有竞争力的成本概念开展业务经营，开发新的市场空间及潜在的顾客需求，创造差异性生产。随着我国经济高速发展和经济全球化进程的加快，我国政府高度重视企业将可持续发展战略融入日常的生产经营管理活动中。国务院国资委对央企作出了明确规定和指导，证监会对上市公司提出了披露社会责任信息的要求，上海、北京、深圳等地的地方政府也陆续出台了企业可持续发展、社会责任履行方面的指引。

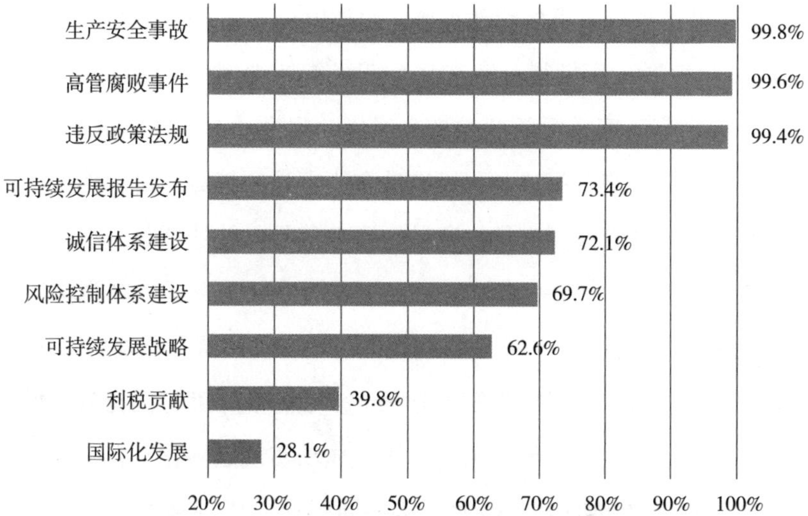

图 5-8 “治理”指标包含的三级指标表现

可持续发展是企业战略管理和运营体系中不可或缺的重要部分，必须将可持续发展融入企业的核心战略，并建立完整的可持续发展评价体系，从企业决策层建立专项管理机制，推进可持续发展的纵深发展与落实。通过将可持续发展融入业务战略，企业可以有效地预测和把握复杂的国内国际经济形势，不断满足利益相关方日益多元化的期望，更好地掌握自然环境和社会给企业带来的风险与机遇。因此，可持续发展能力是企业领导力、管理能力、品牌影响力与核心竞争力的综合体现。

很多中国企业发挥自身优势，把可持续发展纳入经营管理的全过程，形成从管理层到一线员工的一致行为，并努力实现可持续发展战略及管理的常态化，建立与社会公众、各利益相关方及时、透明、开放、有效的沟通制度。发布可持续发展报告是落实核心战略的措施之一，越来越多的企业开始定期向社会发布可持续发展报告。据统计，我国企业发布的可持续发展或社会责任报告从2006年的19份增长到2016年的3040份，10年间报告的质量和国际化水平取得了显著进步，报告的实质性、编制流程的规范性不断实现新突破。通过发布可持续发展报告实现有效的对内、对外沟通，彰显企业的可持续发展管理水平，涌现出很多优秀企业代表。

"国际化发展"指标得分率在9个三级指标中偏低，为28.1%（见图5-8）。中国政府高度重视新型经济全球化，为推动互利共赢的国际合作，提出共建"一带一路"倡议，积极推进多边贸易和区域经济合作，促进要素跨国流动，推进沿线国家货物贸易、服务贸易的快速增长，并通过中国国际进口博览会、"一带一路"国际合作高峰论坛等形式，加强沟通与合作。在政府的积极倡导下，企业应当把握机遇，加快国际化发展步伐。

指数评价显示，在国际化发展方面，多数企业年度跨国指数较低。我国企业的生产销售主要立足于国内市场，成功实现国际化经营的企业仍是少数，国际化发展的潜力还很大。从不同行业的表现来看，钢铁、有色业，机械设备制造业，信息技术业，能源化工业的测算企业"国际化发展"得分率分别高于平均水平10.0个百分点、9.8个百分点、8.5个百分点、7.5个百分点，表现明显优于其他行业。说明这些行业的测算企业能积极开展国际化经营、国际合作，拥有相当比例的海外营业收入、海外资产和海外员工，并加入有关国际组织，展开国际学术研究与开发。测算企业中，浙江吉利、海尔集团、三一重工等开展国际化经营多年，其国内、国际产品与市场融为一体，在国际市场获得了一定认可。

分析表明，国际化程度相对较高的企业，更加注重同与可持续发展、社会责任、环境保护相关的第三方组织建立长期、有效的沟通机制，近距离向国际优秀企业学习，推介企业实践成果，在同一个标准与对话平台上实现合作共赢、健康良性的可持续发展。整体来看，中国企业在国际化发展进程中，应加深对海外相关政策法规的了解，有效识别、防范和降低海外投资中可能遇到的经济、环境、社会风险，制定明确的可持续发展战略，实施企业社会责任管理自律机制，维系良好的供应链及利益相关方关系，不断提升和展现企业的全球视野和国际胸怀。

我国政府高度重视企业的全面风险管理，国务院国资委早在2006年就发布了《中央企业全面风险管理指引》，认为全面风险管理是企业进一步提高管理水平、增强竞争力、持续健康稳定发展的重要工作，并针对企业的战略风险、财务风险、市场风险、运营风险、法律风险等全面风险提出了风险管理过程与方法。指数测算显示，中央企业在“风险控制体系建设”指标上的得分率为81.3%，明显优于69.9%的平均水平，表现良好。

但测算企业整体在全面风险控制方面做得仍然不够，特别是在风险识别、风险管控、风险定期评估、风险预案制定和危机管理等方面仍存在空白，需要高度重视风险管理方面的投入。仅以安全风险管理为例，近年来，天津港、山东青州、江苏响水等事件频发，后果之严重，触目惊心。究其根源都是长期无视风险管理。一家意识不到风险的企业是风险最大的企业；一家没有风险识别、风险管控、风险治理及定期检查的企业，是最危险的企业。这些事故无一不是在给企业内部管理、政府监管、舆论监督敲响警钟，是企业管理者应引以为戒的。

综合来看，公司治理水平是企业可持续发展能力的重要体现，是企业可持续发展的前提。领先企业通过深化改革、健全现代企业制度不断提高发展的质量和效益、提升企业竞争力，成效显著。一是中国企业的经营管理效率明显提高，建立了较为完备的企业现代化经营机制，将诚信经营、提高产品及服务质量、节能减排、环境保护、安全生产等方面纳入有效管控体系；二是中国企业大力发展科技创新，高度重视研发成果向现实生产力的转化，在许多领域接近或达到国际先进水平，并向国际化发展。指数评价分析发现，许多企业高度重视并已经将不断改善公司治理、提高企业竞争力作为可持续发展的重中之重。

案例分享

可持续发展促进提升企业竞争力

企业名称	华晨宝马汽车有限公司（以下简称“华晨宝马”）
关 键 词	可持续发展战略、生产和价值创造

华晨宝马坚信可持续发展是助力企业保持竞争优势、实现业务持久发展的先决条件，据此，华晨宝马制定了明确的可持续发展愿景、指导原则及战略框架，重点关注产品和服务、生产和价值创造、员工和社会三大领域，为制定跨业务部门的目标及工作任务指明方向。华晨宝马致力于通过提供可持续出行服务解决方案，提升客户及所有利益相关方的生活品质，帮助解决社会和环境问题。

重点领域	产品和服务	减少排放，应对气候变化，改善空气质量
		提供更多可持续的产品与服务
		保障客户健康与安全
		持续深化本土化战略的实施，促进就业，提升生产制造能力
	生产和价值创造	智能、绿色制造，提高资源利用效率
		推动供应链的可持续发展
	员工和社会	注重人才培养与关怀
		创造共享价值，助力社区和社会发展
驱动因素	新技术开发及应用：推进工业 4.0 生产技术、数字化信息技术的应用	
	可持续发展理念普及及推广：激励管理层、员工、客户与业务合作伙伴积极参与、践行	
	可持续管理机制构建和实施：确保精简而高效的可持续发展管理	
	合规治理、着眼未来：严格遵守法律法规要求，积极响应行业标准升级	

建立风险控制体系，防范重大风险

企业名称	国家能源投资集团有限责任公司（以下简称“国家能源集团”）
关 键 词	风险控制体系建设、内控审计

国家能源集团重视风险防控，深入开展防范化解重大风险攻坚战，加强投资管控，坚持稳健审慎风险理念，建立涵盖所属企业和业务板块的风险防控体系，强化财务、审计、法律等专业监督，充分发挥内控审计“过滤网”“安全阀”作用，实现风险全管控、监督全覆盖，为高质量发展保驾护航。

积极实施“大海外”战略

企业名称	中国建筑股份有限公司（以下简称“中国建筑”）
关 键 词	国际化发展、品牌建设、管理模式提升

中国建筑积极推进国际化发展战略，专注于高端市场，以过硬的产品质量展现当代“中国建造”的卓越品质；针对东道国发展需求，就项目的规划、设计、融资、管理等提出有效解决方案，在开展项目合作的同时，为当地创造大量就业机会；严格遵守当地法律法规和行业规范，并持续优化公司管理体系，最大限度地体现属地化因素和国际化特色。

加强海外合作，积极拓展海外市场

企业名称	中国机械工业集团有限公司（以下简称“国机集团”）
关 键 词	开放合作、拓展海外市场、国际业务信息化平台

国机集团主动融入国家经济外交大格局，对接“一带一路”倡

议，加强创新能力开放合作，大力实施“再造海外新国机”战略。加快搭建统一的国际业务信息化平台，加强对境外投资、海外合作和海外机构的管理；在深耕传统亚非拉市场的同时，努力拓展欧美等发达国家市场。2017 年，国机集团境外企业利润首次超过 10 亿元，涉外业务收入占总体收入比重超过 60%，国际化经营水平进一步提高。

“一带一路”建设在通路通航、基础设施产业链、能源建设等方面，为国机集团海外业务发展带来重大机遇。自 2013 年习近平主席提出“一带一路”倡议以来，国机集团积极拓展相关国家市场，在“一带一路”沿线的 48 个国家中，已完成和正在执行的项目有 733 个，合同总金额超 736 亿美元。多个项目成为项目所在国的标志性工程。

国机集团重点关注国际产能和装备制造合作，推动产品、技术、标准、服务“走出去”。有针对性地选择沿线重要战略支点作为切入口，以点带面，逐步形成横跨亚、欧、非“三极”的布局体系；加强本土化管理，海外机构数量和当地雇员人数大幅增长；推进海外重点园区建设，截至 2017 年年底，中白工业园已有 23 家企业正式入园，30 家企业签订了入园意向协议，协议投资总额 6.97 亿美元。持续提升国机集团品牌国际影响力，积极参与世界经济论坛、博鳌亚洲论坛、B20、“一带一路”国际合作高峰论坛等各类国际合作与交流活动。

5.4 员工

"员工"指标是企业核心竞争力的重要组成部分，也是国内外企业都非常重视的敏感议题。该项指标以中国国情为主、兼顾国际先进经验，设置了"员工参与""职业健康与安全""多元化""员工发展"等8个三级指标。平均指标得分率为96.4%，96.1%的测算企业得分率高于90%；3.9%的测算企业得分率在60%～90%（见图5-9）。

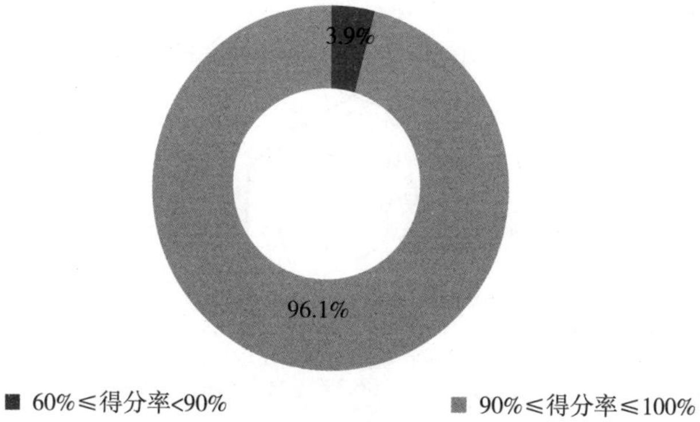

图5-9 "员工"指标得分率分布情况

12个行业的平均得分率分布在95.8%～96.9%，各行业在"员工"二级指标上的表现普遍较好，差值很小。例如，消费者服务业和建筑、房地产业在竞争力维度的"产品""治理"两项上的得分率与其他行业差距较大，但在"员工"上的表现优异（见图5-10）。近些年，在以人为本的科学发展观的指导下，我国政府不断加大对企业社会责任、企业公民的倡导与监督力度，遵守国际公认的劳工标准，颁布或修订劳工法律，积极维护劳工权益，这是消费者、客户和公众等利益相关方的期望，也是一个负责任的公司的基本管理目标。企业在遵守劳工、环保、安全卫生等法规规定的同时，积极保障员工权益，尊重员工构成多元化，积极参加联合国全球契约，遵守 SA8000 等国际标准导则要求。部分优秀企业能对标联合国可持续发展目标（SDGs）要求，披露相关方面的表现及进展。社会公众也更加关注企业与员工之间的关系、企业关爱员工的具体措施与实施效果。

在经济下行压力加大、就业形势复杂严峻的情况下，员工在企业抵御风险、长期稳定发展、提升竞争力过程中的作用尤为关键，企业仍需不断提升雇主工作水平，努力建立规范有序、公正合理、互利共赢、和谐稳定的劳动关系（见图 5-10）。

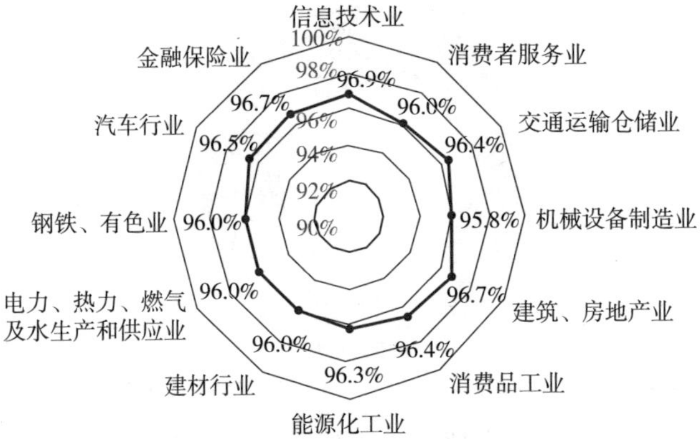

图 5-10　不同行业企业“员工”指标表现

从“职业健康和安全”“福利及退休保障”“员工参与”3 个方面来看，测算企业普遍关注员工职业健康和安全，多数企业建立了职业健康安全管理体系。测算分析显示，企业在关注职工健康方面，除了健康检查、职业防护之外，还较为注重职工心理健康、压力管理、心理危机疏导。大部分企业建立了职业健康安全管理体系或员工健康管理办法，近一成企业通过 OHSAS 18000 职业安全卫生管理体系或 OHSAS 18001 职业健康安全管理体系认证。不足之处是，部分高危行业企业需要建立职业危害事故应急救援预案，加强演练，提高应急救援能力。

“员工发展”指标得分率为 78.3%，在“员工”二级指标下表现最差（见图 5-11）。测算发现，95.2% 的企业较为重视员工培训，披露了具体、明确的培训制度或培训政策。而在人才晋升方面，仅有 23.4% 的企业建立了明确、透明、具体的人才晋升政策和选拔用人机制；35.5% 的企业虽然建立了晋升机制，但表述较为模糊；还有 41.1% 的企业未详细披露企业的相关人才晋升政策和选拔用人机制。企业有待尽快建立一套与“人才强企”“人才强国”战略相匹配的、公开透明的选人用人机制。

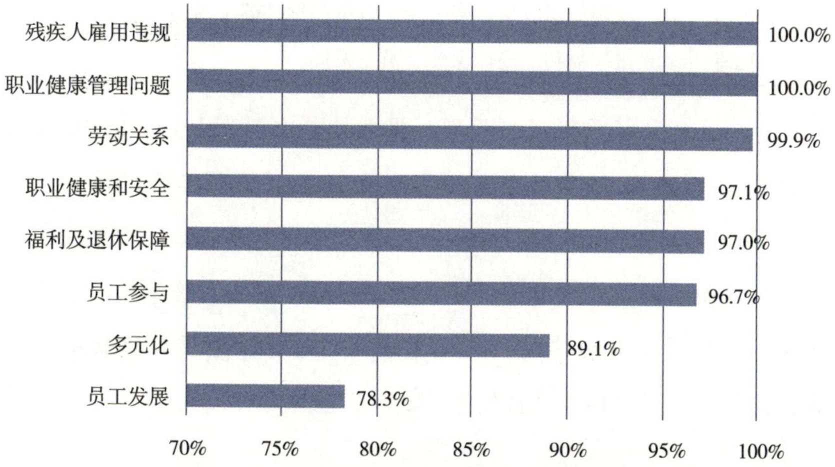

图 5-11 “员工”指标包含的三级指标表现

案例分享

建立创新机制，激发员工创新活力

企业名称	中国移动有限公司（以下简称“中国移动”）
关 键 词	员工参与、全员创新、“双创”生态体系

中国移动重视员工能力培养与企业转型发展相结合，在员工建设方面拓展思路，深刻把握“互联网 +”与“大众创业、万众创新”相融合的时代趋势，形成了“一体三环 + 三纵”的“双创”总体布

局。发布“和创计划”，通过开放统一认证平台、通信能力开放平台、OneNET 平台及智能家庭网关，打造“研发云”平台，构建开放共享、合作共赢的生态体系，有效激发各级组织和全体员工的创新活力。

完善员工培养体系，助力员工职业发展

企业名称	苏宁易购集团股份有限公司（以下简称“苏宁易购”）
关 键 词	多元化、福利及退休保障、员工发展

苏宁易购坚持平等用工原则，男女员工比例为 1.04∶1，管理岗女性占比为 41%，少数民族员工占比为 3%。建立了工资、福利、短期激励和长期激励等多项措施，年度员工平均工资涨幅达 15%。在职业发展方面，持续优化内选梯队、社招梯队、应届生培养等人才培养体系，强化员工能力建设；建立系统化的培养、考核和职业发展体系，使员工得到长期、可持续晋升发展，整体晋升比例达 30%。

建立健康管理系统，提升员工风险意识

企业名称	巴斯夫（中国）有限公司（以下简称“巴斯夫”）
关 键 词	职业健康和安全、风险管理

巴斯夫的全球健康管理系统制定了明确的全球标准，并由遍布全球各地的专家网络贯彻实施。2017 年，巴斯夫开展全球健康活动，关注肺部与呼吸系统健康，根据个体评估问卷的结果为员工提供个性化建议。重视员工、承包商及邻近社区居民的安全，向每一位员工倡导风险意识与安全操作，提高员工与承包商的风险意识。

积极推进国际化人才培养与引进

企业名称	中国中车股份有限公司（以下简称“中国中车”）
关 键 词	员工培养、多元化、国际化发展

为打造受人尊敬的国际化公司，中国中车在推动业务“走出去”的同时，积极推进专业技能、企业文化“走出去”，并同国际多所著名学校及研究机构展开人才培养及引进合作。目前，中国中车已在全球建立13家境外研发中心，外籍员工超过5000人；通过实施“61162”人才工程、国际化人才培养“631”工程，加强技术、管理、技能等核心高素质人才的选拔培养。

中国中车株洲所“全球鹰E计划”着力于打造一批具有全球战略眼光、市场开拓精神和管理创新能力的国际化人才队伍。组织开展培训课程89门，覆盖财务管理、人力资源、战略规划、运营管理、审计与风控、项目管理六大系列，2015—2017年累计培训630课时，培训学员396人，策划和推动专业领域国际化课题29个，超过60%的课题转化或应用于实际项目，超过20%的学员参与到国际化管理工作（项目）或获得外派出国的机会。

6 环境维度

6.1 维度指标概述

环境维度包含“环境”“资源”2 个二级指标、20 个三级指标，在企业可持续发展指数中权重为 29%；其中，“环境”二级指标包含 13 个三级指标、“资源”二级指标包含 7 个三级指标。

环境维度反映了企业的相关环境绩效表现及承担环境责任的能力和水平，得分率为 63.0%，是竞争力、环境和社会 3 个维度中得分率最低的。在环境维度的 2 个二级指标中，“环境”得分率为 73.6%，“资源”得分率为 43.5%；“资源”得分率更低，也是 8 个二级指标中得分率最低的（见图 6–1）。

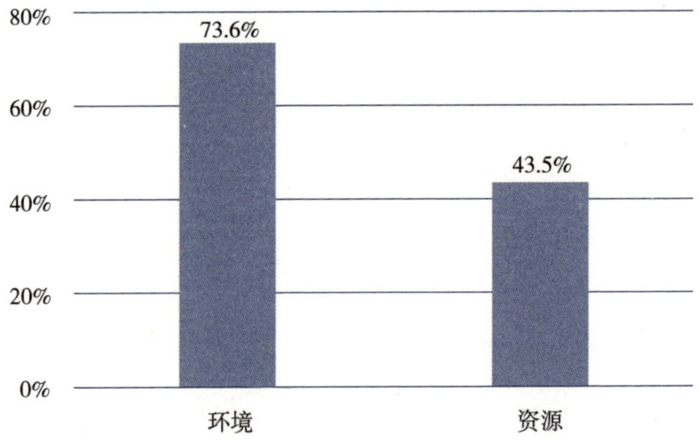

图 6–1　环境维度所含二级指标得分率情况

不同行业环境维度的指标得分率有所差异，12个行业的得分率分布在58.8%～67.4%（见图6-2）。其中，汽车行业得分率较高；能源化工业，建材行业，钢铁、有色业等得分率较低。行业属性对企业的影响较大，各个行业企业对环境的影响和依存度存在较大差异，对自然环境造成损害的程度也有所不同。影响得分的因素主要有两个方面：一是企业对生态环境的保护水平和治理成效、利用自然资源的效率等；二是企业环境资源的管控能力和管理体系建设，尤其是公开、全面、透明的信息披露制度建设。例如，信息技术业、金融保险业、机械设备制造业、消费品工业等行业，虽然企业在环境和资源领域压力较小，但普遍存在环境意识不强、信息公开机制不完善、数据不完整的情况，影响了环境维度的得分。这些行业企业对资源环境与企业可持续发展的相关性的认识亟待提高，对于不完整的环境数据和信息，也应当通过公开渠道作出有针对性的说明和解释。

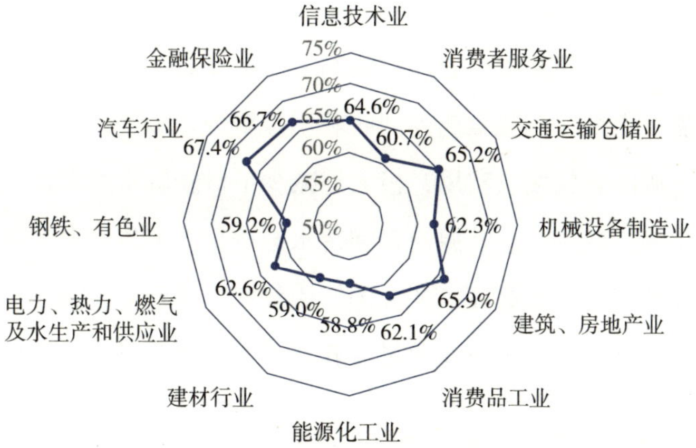

图6-2 不同行业企业环境维度表现

我国政府高度重视生态文明建设，不断加大环境治理力度，坚定推进绿色发展，推动自然资本大量增值，让良好生态环境成为人民美好生活的增长点、成为展现我国良好形象的发力点。我国工商企业积极响应能源结构调整、应对气候变化和环境保护等方面的政策号召，大力推进清洁能源、节能减排、污染防治等工作的落实，健全环境风险控制体系，加强生态保护和修复工作，并收到了良好的成效。

同时，我国相关新兴产业取得了良好发展。可再生能源行业呈迅猛发展态势，风能、太阳能、地热能直接利用量世界第一，水力发电、生物质能发展世界领先，特超高压电网领跑全球，能源互联网成为能源革命的主力军和新兴产业的重要增长点。中国已经成为全球能源变革的中心。越来越多的中国领先企业在全球可再生能源价值链上占据顶端位置。到 2020 年，中国计划投入 3600 亿美元用于发展可再生能源，同时对境外可再生能源投资 320 亿美元，投资规模位居全球第一。以太阳能为例，太阳能光伏已逐步形成产业化、规模化的局面，对改善能源结构、建设清洁能源体系发挥了积极作用。2013 年，中国已成为全球最大的新增光伏应用市场，在优化能源结构、大力发展清洁能源和可再生能源政策的推动下，新能源企业获得了广阔的发展空间。

我国的资源循环利用产业同样得到了快速发展。从产品类型来看，电器电子产品、钢铁、有色金属的回收利用量呈现逐步增长态势。许多企业实现了水资源的有效回收利用，极大地减少了对新鲜水的消耗，提高了水的循环利用率，减少了水资源浪费和污水排放量；余热发电、热电联产以及能源循环利用，大幅提高了能源的使用效率，降低了能源成本，增强了企业的竞争力；还有许多企业通过废弃物综合利用项目实现了自产废弃物的循环使用。

测算企业中，表现“良好”的企业在不同行业均有分布，这些企业资源依赖与环境影响的程度不同，但都建立了相应的资源、环境管理体系。这表明，尽管企业情况有所不同，“良好”企业对资源环境都高度重视，贯彻落实生态文明建设，坚持人与自然和谐共生的基本方略，践行“绿水青山就是金山银山”发展理念，取得了较好的实践成果。这些企业在日常生产经营活动中，能够主动公开资源综合利用情况，披露温室气体排放、排污费、环境治理效果等方面信息，以积极的态度正确面对生产经营对生态环境的影响，并采取有效措施进行补偿修复，有意识地保护生物多样性，努力构建企业与自然共同发展的新局面。

6.2 环境

企业只有高度重视生态环境保护，采取有效的措施，尽可能降低对自然环境造成的负面影响，才可能更好地持续经营。为此，“环境”二级指标下设有“环境信息公开”“环境管理体系”“碳减排成效”“生物多样性保护”等 13 个三级指标。

2018 年指数测算的“环境”二级指标得分率为 73.6%。得分率高于 90% 的企业占比为 1.3%；得分率在 60%～90% 的企业占比为 90.8%；得分率低于 60% 的企业占比为 7.9%（见图 6–3）。测算企业在评价期内，没有发生严重生态环境损害或有害物质违规排放事件，但在 8 个二级指标中，“环境”指标得分率位于后三。

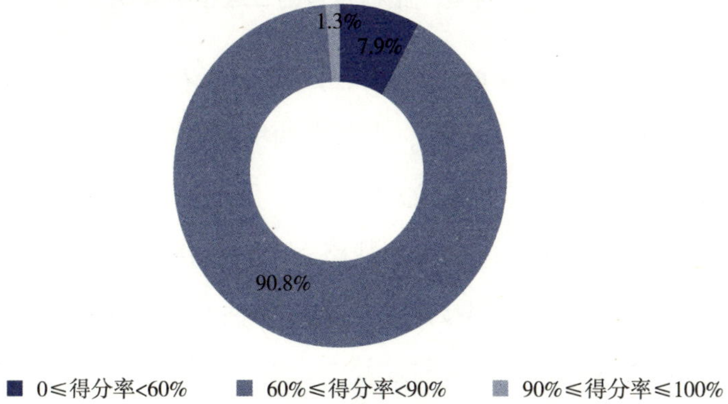

图 6–3 “环境”指标得分率分布情况

从 13 个三级指标来看，“生物多样性保护”“环境友好型产品”“环境信息公开”3 个指标得分率很低，分别为 11.6%、32.5%、47.1%（见图 6–4）。

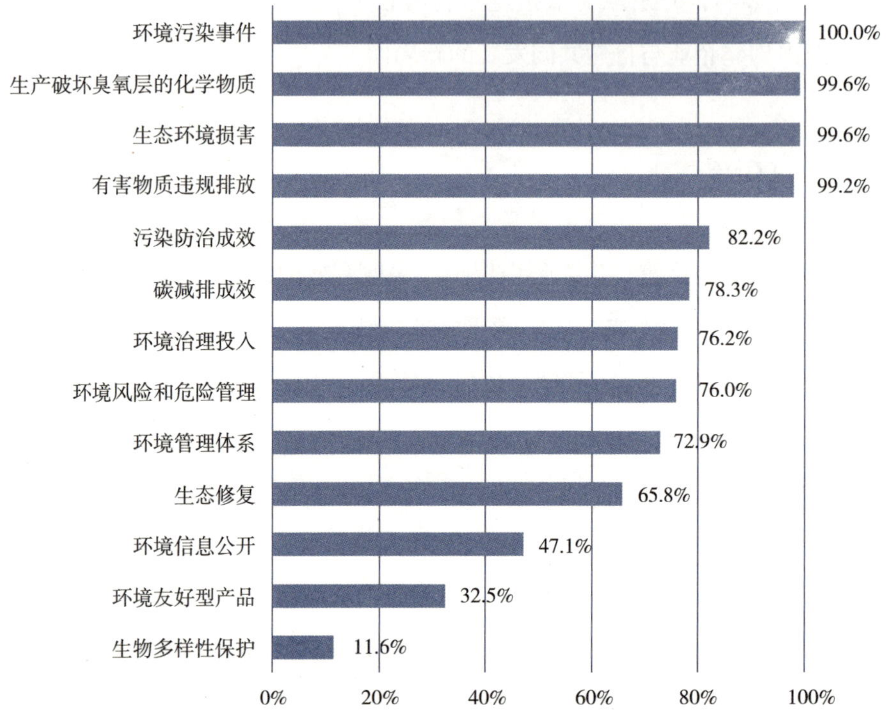

图 6–4 “环境”指标包含的三级指标表现

其中，“生物多样性保护”指标得分率最低，得分最高的行业——建筑、房地产业的得分率为 21.1%，而最低的机械设备制造业仅为 2%。生物多样性是衡量一个国家生态文明水平和可持续发展能力的重要标志，生物多样性保护已成为我国的国家战略。一切经济资本的源头都是自然资本，所有企业均直接或间接地从生物多样性和生态系统服务中受益；然而，在企业经营核算和决策的过程中，生态系统和生物多样性的价值还远远没有得到充分的、可持续的考量。[①] 企业需要将生物多样性整合入

① Bishop J. 工商业活动与生态系统和生物多样性经济学［M］. 北京：中国环境出版社，2018.

企业的风险和机遇评估，融入运营、供应链管理、财务审计和报告等系统，从而形成与自然生态系统保护、社会公平发展之间的持续发展战略，实现协同效应。

测算显示，建筑、房地产业，电力、热力、燃气及水生产和供应业，交通运输仓储业等行业的生物多样性保护整体表现略领先于其他行业。究其原因，建筑、房地产行业，电力、热力、燃气及水生产和供应业等行业企业在项目建设和开发中，需要依法依规对项目建设过程中的生物多样性影响进行评估，并采取有效措施以消除可能带来的不利影响；交通运输仓储业企业可以充分发挥平台优势保护生物多样性，尤其是向消费者普及、倡导生态保护和生物多样性保护的理念。例如，南方航空为保护生物多样性，正式签署由野生动物保护联盟发起并倡议的《白金汉宫宣言》，宣布参与遏止野生动物及其制品非法运输及交易的行动；国航积极履行保护生物多样性的承诺，禁运鲨鱼鱼翅；等等。值得一提的是，来自消费品工业行业的伊利集团，是中国首个签署联合国生物多样性公约《企业与生物多样性坎昆承诺书》的企业，以实际行动保护生物多样性。

“环境友好型产品”指标得分率为32.5%，是68个三级指标中得分率第二低的指标，急需改进。消费与生产互为前提，相辅相成。推进绿色的生产和消费模式，是绿色发展的有机组成部分，是新发展理念的具体实践，是生态文明建设的重要举措；企业通过环境友好型产品，可以实现消费者与生产者、生产者与供应商之间的良性互动，推进生产方式和生活方式的绿色转型。

消费品工业在“环境友好型产品”上得分率最低，为19.2%，应当引起重视。一方面，轻工、纺织、食品、家电、医药等消费品工业企业，对水资源、土壤、大气有很大影响，测算企业都是消费品工业的领先企业，应当率先在环境保护方面发挥表率作用，引领行业的绿色、可持续发展；

另一方面，中国是一个内需强劲的消费大国，正进入新一轮的消费升级进程，消费品工业企业应实践供给侧与需求侧并举推进的工作思路，通过设计研发更丰富的环境友好型产品、提供无害化或低公害产品，努力做到既满足消费升级又降低对环境的负面影响。

从“环境信息公开”指标得分率来看，钢铁、有色业最高，为 61.8%；建筑、房地产业，金融保险业得分率明显低于平均水平；消费者服务业得分率最低，为 33.9%。可以看出，企业环境信息披露水平两极分化现象严重，大部分企业未按照要求披露环境信息；从企业性质来看，央企和地方国企环境信息披露总体情况优于其他企业。披露情况不佳的主要原因有：一是政策沟通欠佳和担忧受罚；二是市场主体环境意识不强；三是未能引起相关方真正关注与实质使用，环境成本内部化不充分。

从 12 个行业在“环境”二级指标上的表现来看，能源化工业，钢铁、有色业的“环境”指标得分率最低，分别为 70.0%、70.8%；金融保险业得分率最高，为 77.9%。资源密集型行业对环境依赖程度较高，在这方面有天然劣势，显性程度高；金融保险业、信息技术业等行业对环境的直接影响弱，隐性程度高（见图 6–5）。

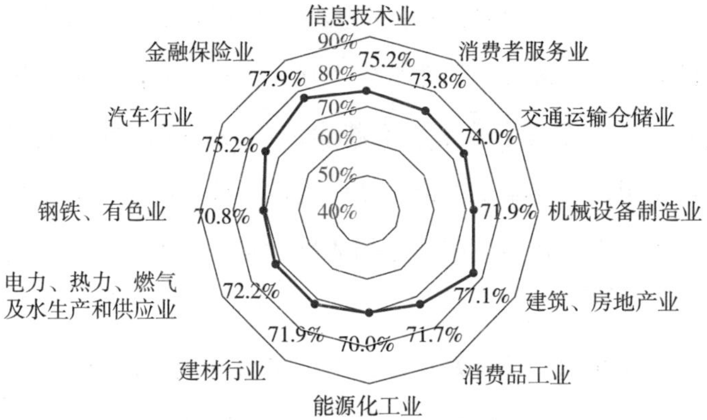

图 6–5　不同行业企业“环境”指标表现

近年来，我国加大了资本和金融市场对环境保护与绿色发展的引导及监督力度。2012年，我国原银监会印发了《中国银监会关于印发绿色信贷指引的通知》(银监发〔2012〕4号)，作为融资项目中环境和社会风险的综合评估标准，加大对绿色经济、低碳经济、循环经济的支持，防范环境和社会风险。2016年，中央全面深化改革领导小组第二十七次会议上再次提出，发展绿色金融，是实现绿色发展的重要措施，也是供给侧结构性改革的重要内容。要通过创新性金融制度安排，引导和激励更多社会资本投入绿色产业，同时有效抑制污染性投资。金融保险业与环境的关系是通过其支持的融资项目具体体现的，应加强对资本流向的监管与“穿透式”审查力度，贯彻落实绿色金融这一重要举措，支持绿色产业、支柱型传统产业升级改造及高质量发展。

案例分享

成功研发环境友好型产品，向全行业推广

企业名称	中国国际海运集装箱（集团）股份有限公司（以下简称“中集集团”）
关 键 词	环境友好型产品、污染防治成效、创新成果

中集集团重视绿色发展，积极研发环境友好型产品。基于集团“行动计划”战略，结合各板块业务特性，将节约能源、绿色环保、资源循环利用等理念引入自身产品及业务发展中。中集集团在行业内率先推行水性漆环保集装箱的研发和应用，并进一步通过与中国集装箱行业协会合作，推动全行业水性漆应用，为行业VOCs减排作出贡献。

产品类型	产品种类	产品环保特性	产品环保成绩
环保型集装箱	水性漆标准干货箱	水性漆生产的标准干货箱可减少约70%的VOCs排放	2018年，采用水性漆生产的标准干货箱占集装箱板块总营业额的64.8%

续表

产品类型	产品种类	产品环保特性	产品环保成绩
LNG 产品	LNG 自卸渣土车、LNG 运煤牵引车、LNG 降重运煤车、LNG 新国基搅拌车、LNG 载货车、LNG 重型卡车	使用洁净的 LNG 作为车用燃料，能够大幅减少汽车尾气排放物	2018 年，联合重卡已销售 1973 台 LNG 产品。根据英国石油公司中国碳排放计算器提供的资料，每辆 LNG 车相比汽油车、柴油车每年可减少二氧化碳排放约 60 吨，如按照 8 年使用期计算，每辆车可减少二氧化碳排放约 480 吨
新能源电动卡车	4×2 港口牵引车、8×4 城市渣土车、纯电动机场摆渡车	利用新能源驱动替代汽油和柴油，能够大幅降低车辆对不可再生能源的依赖性，并减少汽车尾气排放	截至 2018 年累计销售纯电动摆渡车 17 台，如每辆车每天运行 8 小时，每年可减少碳排放量 368.13 吨
轻量化产品	轻量化渣土车、轻量化搅拌车、轻量化牵引车、轻量化自卸车、轻量化载货及专用车	利用高强度耐磨板及新结构开发出的轻量化产品，根据车型不同，单台降重 100～400 千克，减少钢材用量、柴油消耗量和尾气排放量	2018 年，联合重卡已销售 1145 台轻量化产品
节能环保产品	智能环保渣土车	车厢密封顶盖装有智能监控设备，有效遏制渣土车运输过程中的“抛、撒、漏”现象	2018 年，中集陕汽共销售智能环保渣土车 7211 台
竹木复合地板	集装箱底板用新型竹木复合地板	以生长至 5 年的毛竹替代硬木材料，减少对热带雨林中树木的砍伐和依赖，并且无须在地板表面涂刷油漆，减少了 VOCs 的排放。“以竹代木”还可降低毛竹死后枯萎腐烂所导致的森林火灾的风险	2018 年，该产品产量超过 20 万立方米，约耗竹材 12 万立方米，约使用 2000 万根竹子，相当于节约硬木材料约 17 万立方米，减少了约 30.84 万千克的 VOCs 排放。同时，耗用的 2000 万根竹子 5 年内可固碳约 42.4 万吨

系统开展并披露生物多样性保护工作

企业名称	内蒙古伊利实业集团股份有限公司（以下简称“伊利集团”）
关 键 词	生物多样性保护、生物多样性保护报告

伊利集团积极行动参与生物多样性保护，于2016年率先签署联合国生物多样性公约《企业与生物多样性坎昆承诺书》，作出并落实九大承诺，此后连续两年发布《伊利集团生物多样性简报》，于2018年发布《2017年度生物多样性保护报告》，系统披露生物多样性保护管理措施及对外开展的生物多样性保护项目等工作，展示企业保护生物多样性的优秀实践。

联手合作伙伴	建立示范田	推广可持续玉米种植	绿色采购	定期鸟类监测
与WWF合作推动项目实施，并由吉林省农业科学研究院和东北师范大学提供技术支持	在吉林省松原市乾安县、通榆县和宁江区建立示范田，主要示范技术内容包括：水肥耦合技术示范、秸秆还田技术示范、膜下滴灌水肥一体化示范、全程机械化技术示范等	收集有关技术成果，编制培训课程与教材，通过室内理论教学和示范田现场实训相结合的方式，组织农业培训，向当地农户推广可持续种植技术	优先采购区域内产出的合格优质玉米，投入伊利金典的畜牧业饲料中，鼓励农户实施可持续种植	在鸟类繁殖季（5—8月）、鸟类迁徙期（9—11月）定期开展湿地和主要水鸟种群监测，了解和掌握湿地健康状况，共调查记录到8目14科57种鸟类，包括2种国家Ⅰ级重点保护鸟类（东方白鹳和丹顶鹤）

重视环境管理，推进绿色生产制造

企业名称	伊顿（中国）投资有限公司（以下简称“伊顿中国”）
关 键 词	环境管理体系、环境治理投入、碳减排成效

伊顿中国重视自身运营过程对环境的影响，通过不断完善集约化能源管理机制，制定年度能源管理目标，识别高耗能工厂和设备并加

以整改。2017年，伊顿中国对11家工厂的压缩空气设备进行测漏检测，共找到并修复1070个压缩空气泄漏点，降低能耗折合电费每年达140万元。同时，积极开展绿色工厂建设，将伊顿济宁工业园建设成为绿色工厂的典范。2017年12月12日，伊顿中国携手南方电网新能源公司共同打造的太阳能屋顶发电项目在济宁正式落成投产。该项目使伊顿济宁工业园成为伊顿全球太阳能光伏项目覆盖面积最大的生产基地，进一步提升工厂节能减排能力，促进绿色生产制造，真正实现了经济效益和绿色发展的双赢。

研发绿色技术，加强海洋生态保护

企业名称	中国海洋石油有限公司（以下简称“中国海油”）
关 键 词	生态保护、循环利用协同处理、固废资源化

中国海油碧海环保公司掌握并运用含油废弃物焚烧、水基钻井液钻屑无害化等核心技术，使用高成本高标准的无毒或低毒的泥浆体系，实现油基泥浆的全部回收和资源化利用；同时采取全密闭输运、煤炉改造等措施进一步减少泄漏与排放，杜绝海洋污染。中国海油还通过公益平台参与环保倡议，致力于生态多样性研究与保护，形成斑海豹保护、增殖放流等特色项目，为建设“美丽中国”贡献力量。

6.3 资源

“资源”指标反映了企业利用自然资源的效率，包括“资源管理体系”“资源利用信息公开”“循环利用协同处理”“清洁能源利用”等 7 个三级指标。平均得分率为 43.5%，在 8 个二级指标中得分率最低。得分率高于 90% 的企业占比为 1.2%；得分率在 60%～90% 的企业占比为 23.7%；得分率低于 60% 的企业占比为 75.1%（见图 6–6）。

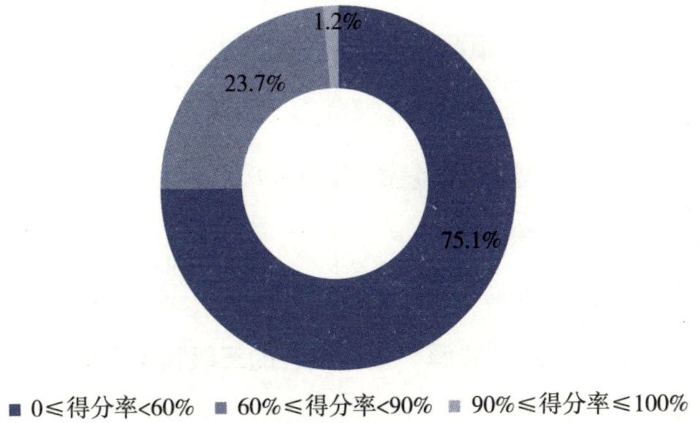

图 6–6 “资源”指标得分率分布情况

从 12 个行业在“资源”二级指标上的表现来看，建材行业指标得分率最低，为 35.2%；汽车行业得分率最高，为 52.9%（见图 6–7）。

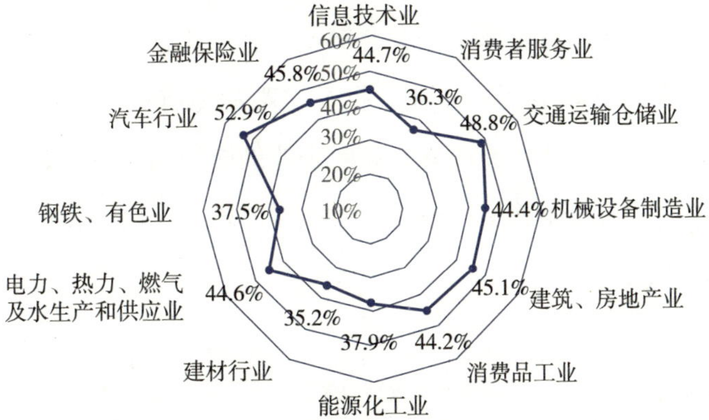

图 6–7 不同行业企业“资源”指标表现

从7个三级指标来看，得分率从高到低依次为："能源产出率"（67.3%）、"水资源产出率"（63.1%）、"资源管理体系"（45.0%）、"资源利用信息公开"（41.5%）、"清洁能源利用"（35.3%）、"循环利用协同处理"（30.6%）、"终端回收体系"（12.6%）（见图6–8）。

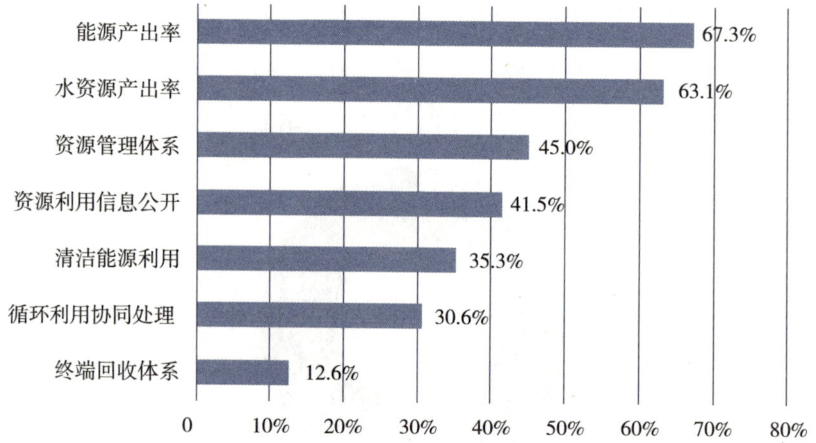

图6–8 "资源"指标包含的三级指标表现

我国通过全面推进资源税改革，以税收的杠杆调节作用促进资源行业的可持续健康发展，持续加大对资源依赖型企业的监管力度。分析表明，企业对能源、水资源的使用情况能够保持一定的关注度，但六大高耗能高排放行业①、十大高耗水行业②的能源产出率和水资源产出率均较低，这与企业有较高的资源依存度密切相关，钢铁、有色业，能源化工业，建材行业等行业企业得分较低还与企业数据披露不完整有关。但同时应该注意到，具体数据较上一年已有改善，说明企业的能源利用效率及水资源利用率有一定提高，对污染物零排放、物质能耗零增长、废弃物全回收的重视程度有一定增强。

---

① 指碳交易市场首批拟纳入的六大行业：电力、冶金、有色、建材、化工、航空服务业。

② 国家统计局公布的十大高耗水行业分别为煤炭开采和洗选业，黑色金属冶炼和压延加工业，非金属矿采选业，电力、热力生产和供应业，纺织业，造纸和纸制品业，有色金属冶炼和压延加工业，化学原料和化学制品制造业，非金属矿物制品业，石油加工、炼焦和核燃料加工业。

从“资源管理体系”三级指标来看，汽车行业得分率最高，为58.6%；消费者服务业得分率最低，为34.9%。对资源的有效管理、高效利用仍然需要企业投入更多精力，认识到有效的资源管理体系在企业降低资源消耗、提高利用效率、降本增效等方面的积极作用。

从“循环利用协同处理”三级指标来看，能源化工业得分率最高，为45.7%；消费者服务业得分率最低，为17.9%。清洁能源的使用与循环利用仍然薄弱，这一方面是我国能源结构特点决定的，另一方面需要进一步倡导清洁能源的使用，并督促领先企业提供相应产品与服务，加强顶层设计，从城市建设、城市管理角度打造清洁能源和循环利用体系。企业应积极参与整体方案设计、具体实施、微调以弥补设计缺陷的全过程能源管理。测算发现，部分企业缺乏对循环利用量或利用率的数据统计，未建立全面、系统的循环利用台账。值得一提的是，一些行业领先企业的固体废弃物回收利用率近100%，能对生产过程中产生的废渣、回收的产品外包装、不合格产品等进行加工再处理，经检验合格后作为原材料循环利用，实现自产固体废弃物回收利用。

从“终端回收体系”三级指标来看，汽车行业得分率最高，为29.7%；能源化工业得分率最低，为6.4%。我国企业的产品终端回收体系建设还处于起步阶段，发展潜力巨大。企业要做好终端回收体系，不仅要在生产环节对其产品承担资源、环境责任，更要将责任延伸到产品设计、流通消费、回收利用、废物处置等环节，尤其是要承担产品废弃后的回收和资源化利用责任。

国际经验和国内发展的事实证明，通过建立有效的回收模式，促进生产企业、回收企业、资源循环利用企业与政府相关部门、消费者之间的互动与协同，有利于从源头上消灭目前大量存在的高污染、高耗能、技术落后且分布广的传统小作坊式污染企业，有利于畅通产品全生命周期资源循环、提高资源利用效率，不断提升产品循环利用水平。我国政府高度重视终端回收，2017 年 1 月公开发布的《国务院办公厅关于印发生产者责任延伸制度推行方案的通知》（国办发〔2016〕99 号），彰显了国家建立回收体系和收集再生资源的战略思路，大大有利于构建良好的产业生态圈。责任延伸制度明确鼓励企业建立终端回收体系规范回收废弃产品、强化供应链管理、提高循环利用率，从资源利用的角度为企业的高质量、集约化发展提供了良好的契机。

测算中发现了一些领先企业的优秀实践。例如，佳能集团从产品设计之初就注重产品性能与节能环保的高度融合，增加对产品节能技术、再生材料使用、轻量化设计以及回收的考虑，通过产品轻量化与小型化设计、采用绿色原材料等措施，尽可能降低每件产品在整个生命周期中的二氧化碳排放量；雅迪集团除了对电动车电池进行专门回收外，还鼓励对整车其他零部件进行安全回收，以确保产品的整个生命周期对环境的影响降至最低；载通国际公司安排承办商回收超过 1.9 万条旧轮胎及 7 吨轮胎胶粒作循环再造，制成多种产品，避免弃置物运往堆填区；国美集团作为上游家电厂家和下游废旧家电回收企业的桥梁，积极为有资质的回收分解企业提供渠道支持，消费者通过国美门店或热线电话提交旧电器回收需求，国美即通知回收企业上门收购，回收企业再给予顾客相应的补贴。

案例分享

不断加强资源和能源管理体系建设

企业名称	中国宝武钢铁集团有限公司（以下简称“中国宝武”）
关 键 词	资源管理体系、能源管理体系认证、循环利用

中国宝武积极推进资源与能源管理，下属全流程钢铁企业、非钢产业重点工业企业全部通过能源管理体系认证并持续加大能源环保技术投入；实施最严格的水资源管理，提高水资源利用效率；以“固废

不出厂”、废弃物产品化为目标，大力发展循环经济。2017年实现吨钢综合能耗较上年下降11千克标煤/吨，万元产值能耗较上年下降10.3%；宝钢股份实现炼钢石灰石泥饼100%循环利用。

指标	2017年同比（%）					
	宝钢股份	八一钢铁	韶关钢铁	宝钢不锈	宝钢特钢	鄂城钢铁
吨钢综合能耗	-1.23	3.00	-4.64	-27.65	8.71	-7.57
余能回收总量	95.25	15.17	5.30	-76.48	—	—
吨钢耗新水	-12.88	-15.03	-21.61	6.44	-55.95	-6.02
二氧化硫排放总量	30	-2	-0.1	-98	—	-13
氮氧化物排放总量	5	29	-0.2	-70	-17	-13
COD排放总量	12	-70	-0.6	-16	9	-6
氨氮排放总量	33	—	-0.3	-24	-79	-23
固废资源综合利用率	99.19	72.69	99.13	56.66	97.28	—

持续推进“能效倍增”计划

企业名称	中国石油化工集团公司（以下简称“中国石化”）
关 键 词	能源产出率、节能减排、清洁能源利用

中国石化持续推进“能效倍增”计划，共实施项目452项，预计节能94.9万吨标准煤/年。完成17家炼化企业的节能检测工作，实现万元产值综合能耗降低至0.496吨标准煤；镇海炼化等多家分公司获得国家能效“领跑者”标杆企业称号；持续开展油田、炼化企业二氧化碳捕集回收利用，加强油田伴生气、原油集输系统等甲烷回收利用，推进生物质能、太阳能等可再生能源产业发展与工业应用。

● 碳捕集与利用

中国石化公司持续开展油田、炼化企业二氧化碳捕集回收利用。2017年，炼化企业捕集二氧化碳27万吨，其中，油田企业使用19万吨用于驱油。

● 甲烷回收与减排

中国石化加强油田伴生气、试油试气、原油集输系统等甲烷回收利用。加强管道储运设施日常巡护管理，优化管道运行，合理安排作业时间，减少施工期间甲烷排放。2017 年管道储运减少甲烷排放 426 万立方米。油田企业对采气、试气过程中的天然气以及套管气、油罐气进行应收必收、能收尽收，共回收甲烷约 2.2 亿立方米，相应减少温室气体排放约 330 万吨二氧化碳当量。

关注企业水风险，加强水资源管理

企业名称	晶科能源控股有限公司（以下简称“晶科能源”）
关 键 词	水资源产出率、水风险与水足迹管理

晶科能源高度关注水资源保护、水资源管理、节水与缺水紧急应变，积极编制制造工厂的用水与排放废水资料，学习水足迹观念，根据水足迹数据盘查结果，发现公司主要用水环节。通过多环节、多途径、多措并举，开展减少用水和废水回收等节水工作。2017 年实现每兆瓦组件耗水量较 2016 年降低 8%，2018 年每兆瓦组件生产废水排放量较 2016 年降低 10%。

积极推进绿色制造和资源循环利用

企业名称	中国建材集团有限公司（以下简称“中国建材”）
关 键 词	资源管理体系、循环利用协同处理

中国建材积极推进绿色制造和资源循环利用，尽可能降低消耗，

减少排放，制造质量可靠、绿色环保的建材产品。通过自主创新掌握了利用钢渣、粉煤灰等工业废渣替代天然矿产原材料生产新型建材等技术，研发出污泥搅动型间接热干化和复合循环流化床清洁焚烧等一批绿色技术，实现水泥、商混、建筑板材板块年综合协同处置能力超1.2亿吨。同时，持续健全从组织结构、制度体系、资金保障、两化融合、信息公开、应急预警、技术支撑、统计监测到管理认证的全面绿色管理体系，构建绿色低碳的发展方式。

发展绿色金融，助力生态环境保护

企业名称	兴业银行股份有限公司（以下简称“兴业银行”）
关 键 词	绿色金融、碳减排成效、污染防治成效

从2006年率先开辟国内绿色金融市场，经过10年的探索实践，兴业银行已形成门类齐全、品种丰富，涵盖绿色融资、绿色租赁、绿色信托、绿色基金、绿色投资、绿色理财、绿色消费等的绿色产品服务体系，绿色DNA已经根植于兴业银行经营管理、业务发展、客户服务的方方面面。通过建立将绿色金融业务发展情况纳入年度综合考评指标等激励机制，截至2017年年末，兴业银行累计为超过14395家企业提供绿色金融融资14562亿元，绿色金融融资余额达6806亿元。业务覆盖低碳节能、循环利用、生态环境三大领域，所支持项目每年节约标准煤2912.23万吨、减排二氧化碳8378.23万吨、综合利用固体废弃物4479.48万吨。

7 社会维度

7.1 维度指标概述

社会维度包括“客户”“社区”“政府”3 个二级指标、17 个三级指标，在企业可持续发展指数中权重为 25%；其中，“客户”包含 5 个三级指标、“社区”包含 7 个三级指标、“政府”包含 5 个三级指标。

社会维度得分率为 76.6%。在社会维度下的 3 个二级指标中，“政府”“社区”“客户”的得分率由高到低分别为 85.1%、73.8%、72.1%（见图 7–1）。

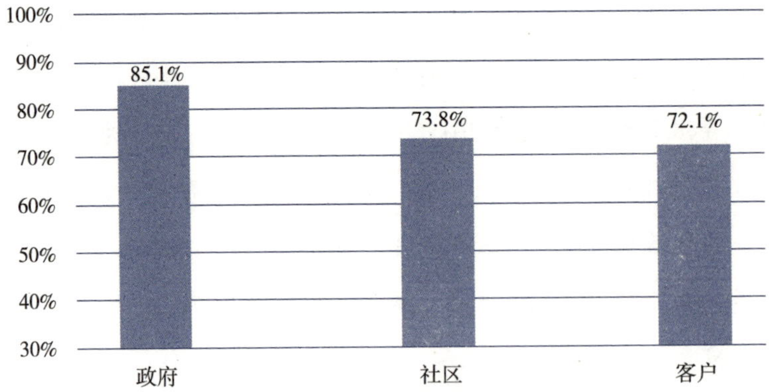

图 7–1　社会维度所含二级指标得分率情况

现代市场的范围随着经济全球化的发展而快速扩大，因此企业与其经营活动所在地的社会之间的嵌入性关系越来越重要，企业需要高度重视当地社会环境的情况与变化，进行具体的社会责任管理和创新。联合国前秘书长安南在 2015 年第一届全球社会企业家生态论坛上说道，商业不可能在一个失败的社会中取得成功。也就是说，要用长远的眼光看待商业的发展和股东的利益，从而制定长期的、可持续的发展方案，只有企业利益和社会利益相结合才能实现双赢。企业社会责任是动态和开放的概念，根据相关法律法规的调整以及社会发展的进程不断调整和发展。经过多年努力，中国企业尤其是大企业对可持续发展的认识不断提高，从“企业办社会”“企业履行社会责任”到“经济、社会、环境的综合价值创造”，理念逐步加强、认识更为深刻、实施更为努力，更加注重以具体行动提供解决方案。

随着经济社会的发展和国际化的推进，我国企业履行社会责任迎来了最好的机遇期。一方面，政府高度重视企业社会责任工作，将其纳入国企改革和依法治国方略。党的十八届三中全会明确提出，将承担社会责任作为深化国有企业改革的六项重点任务之一。党的十八届四中全会明确提出，要加强企业社会责任立法。党的十八届五中全会提出了“创新、协调、绿色、开放、共享”的新发展理念。《中共中央、国务院关于深化国有企业改革的指导意见》明确提出，社会主义市场经济条件下的国有企业，要成为自觉履行社会责任的表率。另一方面，我国越来越多的企业认识到，履行企业社会责任是企业提升竞争力和实现国际化运营的重要途径，并高度重视将社会责任实践融入企业战略决策和日常运营管理，特别是开始深入思考如何通过企业社会责任报告实现有效沟通、提升企业管理水平。因此，无论是外在形势还在内在需求，都迫切要求企业强化社会责任履责水平。

不同行业在社会维度的得分率差异不大，12 个行业的平均得分率分布在 75.1%～80.3%。其中，金融保险业的得分率最高，达到 80.3%；钢铁、有色业紧随其后，达到 79.7%；最低的是消费者服务业，为 75.1%（见图 7–2）。

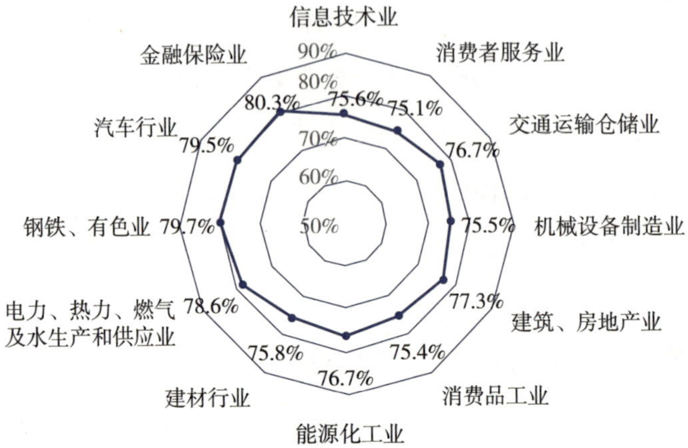

图 7-2　不同行业企业社会维度表现

7.2 客户

7.2.1 指标表现

“客户”二级指标考量企业重视客户需求，并尽力满足客户需求的表现，包括“客户关系管理”“客户信息保护”“绿色消费倡导”等 5 个三级指标。平均得分率为 72.1%。得分率高于 90% 的企业占比为 5.7%；得分率在 60%～90% 的企业占比为 82.3%；得分率低于 60% 的企业占比为 12.0%（见图 7-3）。

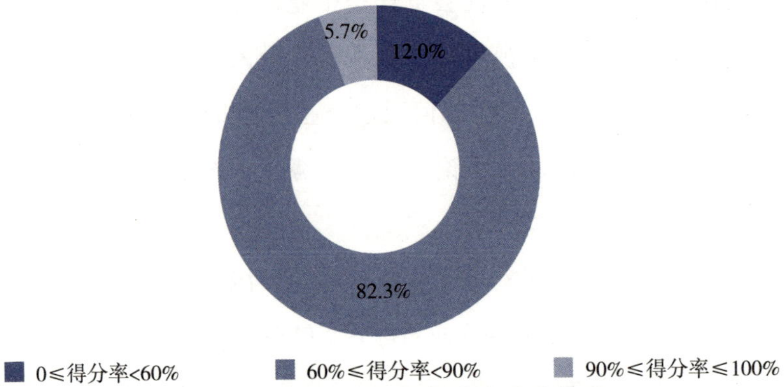

图 7-3　“客户”指标得分率分布情况

不同行业在“客户”指标上的得分率分布在70.7%～77.1%。其中，汽车行业得分率最高，建材行业得分率最低（见图7–4）。

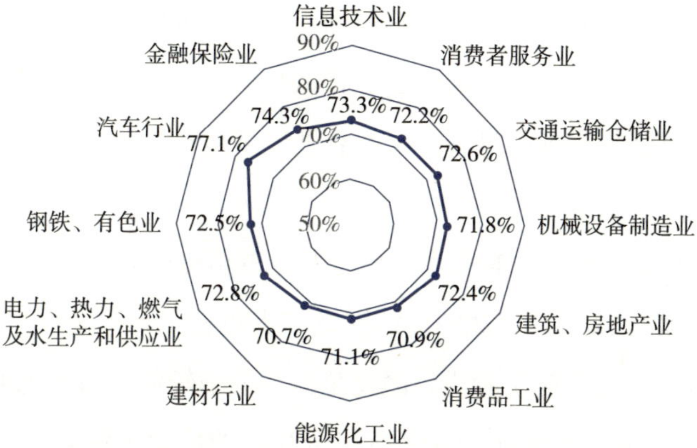

图7–4 不同行业企业“客户”二级指标表现

从三级指标来看，测算企业在“投资者关系”“客户关系管理”2个指标上的得分率较高，分别为92.3%、83.6%；“客户信息保护”得分率偏低，为61.5%；“绿色消费倡导”得分率最低，为16.5%（见图7–5）。

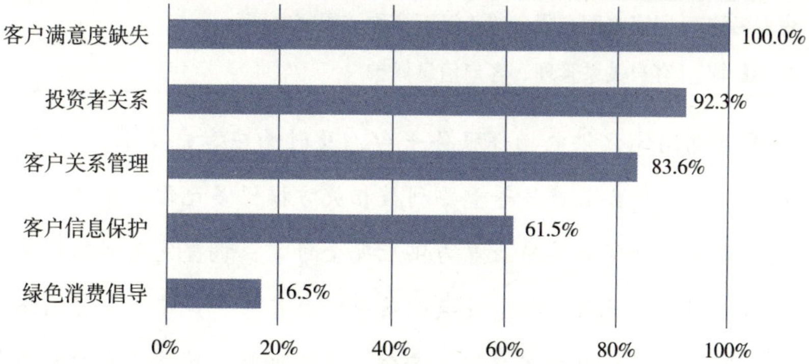

图7–5 “客户”指标包含的三级指标表现

在“客户信息保护”指标上，汽车行业的得分率最高，为68.4%；信息技术业次之，为65.6%；交通运输仓储业最低，为57.5%。综合来看，行业表现差异不大，各行业普遍需要提升客户信息保护力度。企业作为经济发展、科技创新的重要主体，要充分认识信息安全对自身、社会及国家发展的影响，特别是大型央企、重点国有企业、规模以上企业、互联网企业及战略性新兴产业企业，应认真对待客户信息保护工作，强化客户信息安全意识，加强安全保护措施，保障企业正常生产经营，维护企业市场竞争力与国家经济安全。

在“绿色消费倡导”指标上，汽车行业的得分率同样最高，为26.6%；交通运输仓储业次之，为22.1%；钢铁、有色业最低，为9.7%。绿色消费倡导在我国还处于起步阶段，因此整体得分率较低，而绿色消费是生态文明建设的重要组成部分，应当引起全社会的广泛关注。企业作为社会公民，应努力研发绿色产品、创新服务方式，为企业自身发展创造良好条件。

案例分享

重视客户关系管理，不断提升客户服务

企业名称	国家电网有限公司（以下简称“国家电网”）
关 键 词	客户关系管理、客户信息保护

国家电网优化供电指挥服务平台，及时响应客户要求；为园区、工业企业、大型公共建筑等重要利益相关方提供多元化、个性化的综合能源服务，确保公共事业电力供应安全可靠；调整完善市场化售电业务办理规则和流程，打造便捷的售电结算体系；严格贯彻《网络安全法》有关规定，维护客户信息安全。多措并举，获得了客户和消费者的良好反馈。

倡导绿色交通，推动公众践行绿色消费

企业名称	北京公共交通控股（集团）有限公司（以下简称“北京公交”）
关 键 词	绿色消费倡导、公交出行宣传周、绿色交通

为倡导绿色出行，让绿色交通从理念真正转化为每个人的行为，2017 年，北京公交组建了一支“百姓宣讲团”，29 位职工宣讲员围绕“绿色出行畅通北京”“砥砺前行再创辉煌”“学习身边典型传递榜样力量”等专题，宣讲 240 余场次，受众人数近 2.5 万人。与此同时，通过举办企业开放日、公交出行宣传周、“绿色文明出行”儿童绘画比赛等活动，让越来越多的公众成为绿色消费的践行者。

7.3 社区

7.3.1 指标表现

社区是企业作为社会组织，不可避免地与人、与企业、与当地政府沟通的重要场所，企业与社区的和谐关系是可持续发展的一个重要议题。“社区”指标包括“慈善捐赠”“尊重社区文化”“社区发展支持”等 7 个三级指标。平均得分率为 73.8%。得分率高于 90% 的企业占比 17.7%；得分率在 60%～90% 的企业占比 63.3%；得分率低于 60% 的企业占比 19.0%（见图 7–6）。

从三级指标来看，“社区发展支持”“尊重社区文化”“慈善捐赠”得分率位列前三，分别为 73.1%、63.8%、60.2%；“教育培训支持”与“志愿者服务”居后两位，分别为 56.7%、55. 0 %（见图 7–7）。

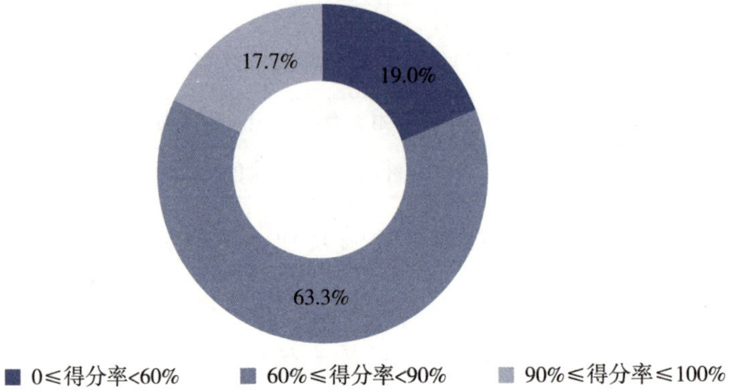

图 7-6 “社区”指标得分率分布情况

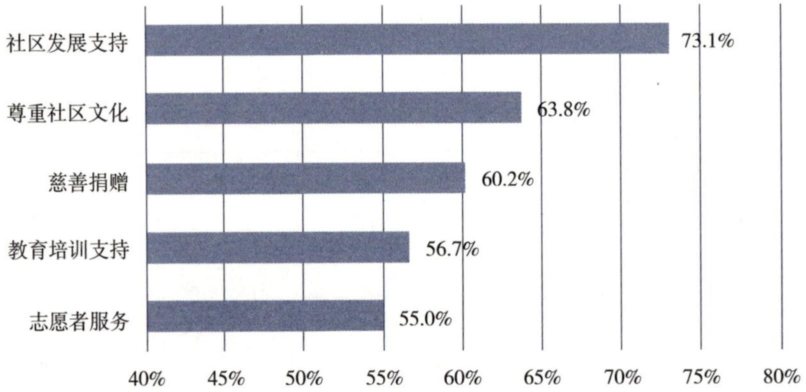

图 7-7 “社区”指标包含的三级指标表现

不同行业在“社区”指标上的得分率分布在 70.6%～78.2%。其中，消费者服务业、信息技术业、机械设备制造业、能源化工业、建材行业等得分率低于 73%。测算发现，行业属性对于指标表现存在一定的影响（见图 7-8）。以“志愿者服务”为例，交通运输仓储业，建筑、房地产业，电力、热力、燃气及水生产和供应业，金融保险业，汽车行业等与公众生活息息相关的行业，指标得分率高于平均水平；而建材行业、信息技术业、机械设备制造业等行业，与公众生活相距较远，指标得分率低于平均水平。

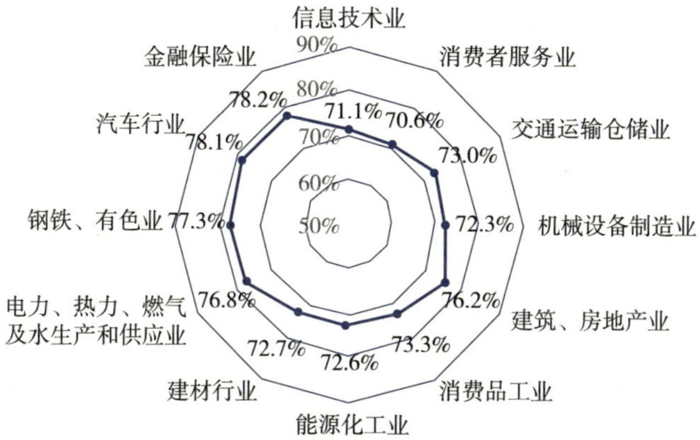

图 7-8 不同行业企业“社区”指标表现

分析发现，各行业企业均应提升对“社区”二级指标重要性的认识，必须认真考虑运营过程中的社会成本以及创造的社会价值，并且采取措施尽可能多地创造社会价值，如参与教育工作、通过研究来推动知识的传播和技术的进步、为社区项目作出贡献等。

近年来，我国政府、公众对企业公民、社会责任的关注度较高，强调企业注重生产经营所在区域的社区发展、尊重所在地文化。分析发现，“社区发展支持”与“尊重社区文化”两项指标得分率明显高于“教育培训支持”与“志愿者服务”。具体行动上，大部分测算企业努力构建与政府机构、非政府机构、村镇及所在地其他企业的长效沟通机制，通过积极参与社区基础设施建设，加大对当地教育、医疗的投资，开展属地化就业，共建共享等举措，努力融入当地社会，与周边居民和谐共处，努力创造成功的投资、建设以及运营环境，将企业自身发展与当地经济振兴和社会公益事业有机融合。此外，越来越多的企业将社区发展融入企业发展规划中，例如，制订社区共建计划及实施措施，将企业社会责任工作与社会关怀项目纳入各部门的工作计划，以及成立专责委员会规划和推动社区可持续发展相关活动。

值得关注的是，进入 21 世纪，尤其是近 10 年来，随着我国社会发生深刻变革，志愿服务得以迅猛发展。我国企业是志愿服务的重要组成部分，应积极推动优秀企业文化建设，弘扬正气，激发活力与创造力，从而对企业发展起到积极作用。

案例分享

积极开展属地化管理，促进包容性发展

企业名称	中国五矿集团有限公司（以下简称“中国五矿”）
关 键 词	尊重社区文化、社区沟通、包容性发展

中国五矿在海外发展过程中，秉持“共商、共建、共享”原则，重视与当地政府、企业、社区等的沟通与合作，在沿线国家聘用员工超过 1.3 万人；主动了解所在社区需求，制订社区发展计划，帮助当地推进基础设施建设、改善医疗卫生条件；通过海外管理经验的积累和多管齐下的策略，推进海外项目从传统管理方式向属地化经营管理模式转变，促进当地经济和社会的发展。

海外发展与社区建设

企业名称	中国电力建设股份有限公司（以下简称“中国电建”）
关 键 词	社区发展支持、社区建设

中国电建坚持“本土化战略”，在保障企业经营的同时，积极融入当地社会。在老挝，中国电建流域公司为改善当地居民生活条件，持续开展社区建设活动。2017 年，南欧江一期、二期移民新村工程顺利交接，涉及 2 省、10 县、2200 余户、超过 1 万人；积极改善当地基础设施条件，修建道路、村公所、学校、卫生设施等，显著改善了当地民众生活条件。

7.4 政府

政府与企业之间是辩证互动的关系，企业必须努力处理好与当地政府的关系，从而提高企业的合法性、竞争实力和可持续发展潜力。“政府”指标包括“政府沟通”“就业政策落实”“扶贫支出”等5个三级指标。平均得分率为85.1%。得分率高于90%的企业占比为50.1%；得分率在60%～90%的企业占比为49.9%（见图7-9）。

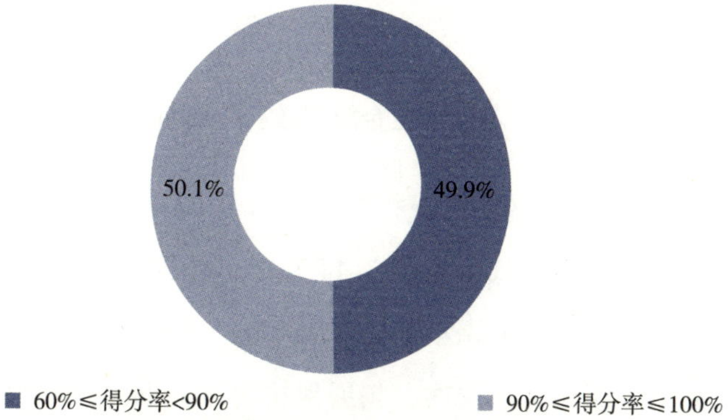

图7-9 “政府”指标得分率分布情况

不同行业在“政府”指标上的得分率分布在82.7%～90.4%，说明企业普遍重视政府沟通工作，积极落实就业政策（见图7-10）。需要看到，当前世界面临的可持续发展挑战日趋复杂，无论是政府、企业还是其他利益群体，都无法独立解决可持续发展的系统性挑战，政府和企业在很多方面，尤其是在涉及公共政策的课题上，需要建立紧密的工作关系，合作寻求解决方案，推进全社会共同的可持续发展。

联合国可持续发展目标（SDGs）明确提出了2030年全球对可持续发展的愿景和优先事项，致力于动员全球的力量来实现一系列共同目标，包括贫穷、健康、教育、气候变化等。这为企业提供了重要的机会，来最大限度地发挥正面影响，减小对人类和自然的负面影响，推动可持续发展。

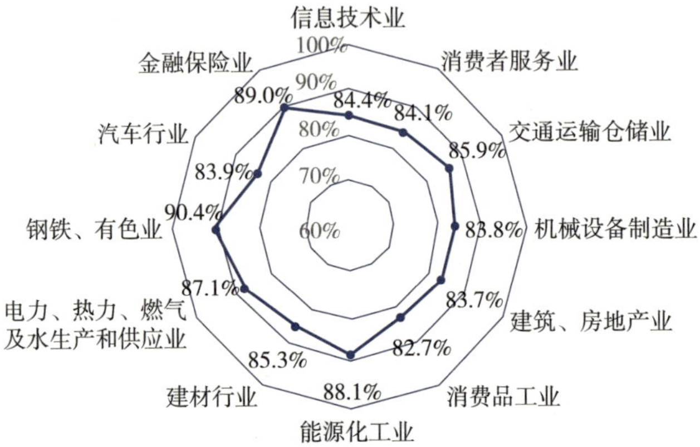

图 7–10　不同行业企业“政府”指标表现

测算分析显示，“扶贫支出”指标得分率为 55.2%，在“政府”指标下的三级指标中得分率最低（见图 7–11）。在“扶贫支出”方面，78.4% 的企业实施了成效显著的扶贫公益活动，通过产业扶贫、定点扶贫、对口扶贫等多样举措，深化帮扶层次，拓展帮扶领域，助力打好脱贫攻坚战；42.6% 的企业制订了长期扶贫计划，并将扶贫支出列入每年年度工作预算。其中，中央企业在扶贫投入和实践中的表现突出，帮扶地域广、帮扶内容丰富。通过结对帮扶、对口支援和建立产业基金等方式，2017 年央企投入扶贫资金近 200 亿元[①]，为落实 2030 年可持续发展议程中的脱贫目标作出了突出贡献。

① 数据来源：国务院国资委。

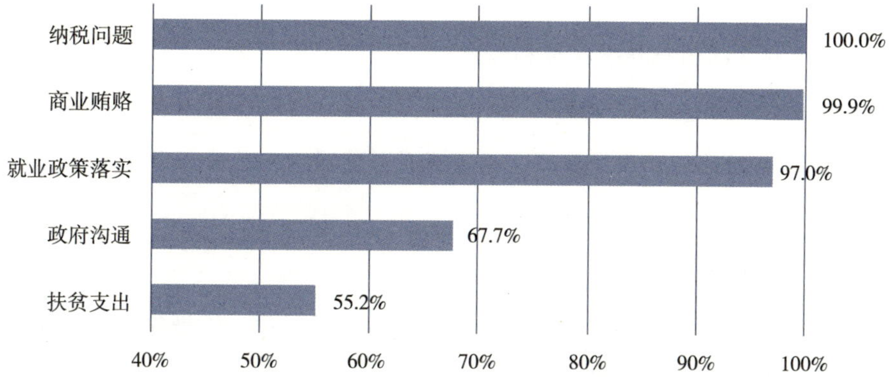

图 7-11 “政府”指标包含的三级指标表现

案例分享

建立特色扶贫路径，开展精准扶贫

企业名称	中国南方电网有限责任公司（以下简称“南方电网”）
关 键 词	扶贫计划、扶贫联动体系、精准扶贫

南方电网响应国家精准扶贫号召，秉承“精准、质量、长效”的工作理念，成立扶贫工作领导小组，建立扶贫责任、制度、工作、监督和考核五大体系。立足电力主业开展精准扶贫相关工作，推进行业扶贫与定点扶贫相结合、扶贫扶困与扶志扶智相结合等“五个结合”特色扶贫路径，为全国脱贫攻坚贡献南方电网力量。

● 行业扶贫与定点扶贫相结合

在南方五省区 216 个贫困县投入 402 亿元，加快农村电网改造、满足脱贫攻坚电力需求；党的十八大以来，认真承接国务院安排的广西东兰县和云南维西县及五省区各级党委政府安排的 761 个村定点扶贫，投入资金 3.5 亿元。

●扶贫扶困与扶志扶智相结合

注重补齐贫困群众的“精神短板”，让贫困群众想干敢干、能干会干；帮助抓好党组织建设，培养党员致富带头人，带动贫困群众转变观念，增强脱贫内生动力。

●千家万户与一家一户相结合

推进集体产业长效发展，带动贫困村整村脱贫，根据贫困户实际情况，精准开展到户帮扶。

●精准扶贫与乡村建设相结合

将精准扶贫与乡村振兴发展统筹谋划，协同推进，让乡村产业兴旺、生活富裕。

●典型带动与整体推进相结合

注重选树扶贫干部先进典型，3 位战斗在脱贫攻坚一线的扶贫干部入选第五届“感动南网”个人。

打造创业创新基地，带动地区发展与就业

企业名称	三一重工股份有限公司（以下简称“三一重工”）
关 键 词	政府沟通、带动就业

三一重工积极带动当地就业，依法缴纳税费，创造了良好的经济和社会效益。近年来，三一重工着力打造三一众智新城。截至 2017 年，三一众智新城已引进机器人、无人机、AGV、惯性导航、芯片控制器、新能源电池等优质项目，累计孵化企业超 200 家，获批“智能制造国家专业化众创空间”“长沙市智能制造孵化基地”“湖南省中小微企业创业创新基地”等。

政企合作，发展基础网络服务

企业名称	中国电信集团有限公司（以下简称“中国电信”）
关 键 词	政府沟通、扶贫支出

中国电信发挥自身优势，积极与地方政府合作，发展基础网络服务。持续提升互联网接入速率，降低资费水平；积极参加政府主导的普遍服务试点项目，两年累计完成4万个行政村通信网络建设；贯彻国家“互联网＋政务服务”的要求，支撑各级政府构建电子政务设施，提升政务管理水平。同时，向定点扶贫县投入资金7300多万元，实施基础设施、教育培训、信息化等扶贫项目46个。

浙江省舟山市有全国最大的渔场。2017年，中国电信浙江公司扩大近海网络覆盖，将近海网络覆盖率从73%提高到94%，远海网络覆盖率从78%提高到84%，海域超远基站最远覆盖距离从80千米提高到100千米，基本实现舟山近海海域的全覆盖，为渔业生产提供更好的通信服务。

中国电信江苏省南通市分公司利用当地海域的风机等设施，在吕四、洋口渔港及海上的风力发电平台树立通信塔，提供4G通信服务。现在，当地渔民可用手机浏览新闻、观看电影，海事部门和海上风力发电公司也利用4G网络开展海域作业。

8 典型行业分析

纳入 2018 年中国企业可持续发展指数测算的企业共 1073 家，涵盖消费品工业，建筑、房地产业，机械设备制造业，消费者服务业，金融保险业，能源化工业，信息技术业，电力、热力、燃气及水生产和供应业，钢铁、有色业，交通运输仓储业，汽车行业，建材行业 12 个主要行业。

在对测算企业整体状况进行分析的基础上，综合考虑行业在国民经济及产业体系中的重要性，本章选择消费品工业、机械设备制造业、能源化工业三个典型行业，进一步进行解读和分析，立足行业视角，洞察面临挑战，挖掘潜在机遇，以期为政府、企业和其他利益相关方把握有关行业的可持续发展情况提供参考。

8.1 消费品工业

8.1.1 消费品工业简述

消费品工业涵盖家庭电器及用品、纺织、服饰及个人护理、食物饮品、医疗保健、农业产品、纸及纸制品等细分行业，是直接满足人们生活消费需求的重要产业。21 世纪以来，我国消费品工业快速发展，形成了覆盖面广、结构相对完整的消费品工业体系，基本保障了人民群众日益增长的消费需求，对稳增长、促改革、调结构、惠民生发挥了重要作用。

指数测算中共有 196 家来自消费品工业的企业，在全样本企业中占比最高，达到 18.3%。其中，年度营业收入规模超过 1000 亿元的有 11 家，100 亿～1000 亿元的有 65 家；25 家企业位列 2018 年中国企业 500 强。

8.1.2 消费品工业现状

消费品工业作为我国重要的民生产业和传统优势产业，目前还处于加快提升竞争力、做优做强的阶段，企业平均规模偏小，规模化、集约化程度低，社会风险的管控能力较弱，环境污染问题不容忽视。与此同时，消费品工业也有可持续发展的天然优势，尤其是在能源资源等方面优势明显，例如，消费品工业的能源消耗水平较低，产品碳排放强度远低于全国工业企业平均水平。

我国政府近年来高度重视消费品工业的发展，陆续出台扩大内需的系列政策，不断完善消费体制机制，营造良好市场环境，激发居民消费潜力，推动消费品工业稳中向好发展。2016—2018 年，先后印发了《国务院办公厅关于开展消费品工业“三品”专项行动营造良好市场环境的若干意见》《中共中央国务院关于完善促进消费体制机制进一步激发居民消费潜力的若干意见》，推动消费品工业增品种、提品质、创品牌（“三品”），力求顺畅消费生产循环、优化升级消费结构、营造安全放心的消费环境。为顺应以高质量发展为目标的结构转型和持续高涨的居民消费升级需求，消费品工业企业持续提升产品和服务品质，在规模化发展和节能减排方面有较大潜力。

与此同时，受到国内经济下行压力、结构转型升级、贸易摩擦等多重因素影响，消费品工业生产运行稳中趋缓。2018 年 1—10 月，消费品工业增加值同比增长 5.9%，较 2017 年同期回落 1.9 个百分点。其中，轻工、纺织、医药等行业分别增长 5.5%、3.0%、10.2%，增幅均低于 2017 年同期[①]（见表 8-1）。造纸及纸制品业生产增速回落主要是因为资源、环境约束压力增大；纺织业生产增速回落主要受产能结构调整带来的转型升级压力、国际市场需求疲软等多重影响。

表 8-1　主要消费品工业增加值累计增速　　单位：%

行业	2017 年 1—10 月	2018 年 1—10 月
消费品工业	7.8	5.9
轻工	8.4	5.5
农副食品加工业	6.6	6.2
食品制造业	8.9	6.3
酒、饮料和精制茶制造业	9.3	7.0
皮革、毛皮、羽毛及其制品和制鞋业	5.0	4.2
家具制造业	10.3	6.2
造纸及纸制品业	4.9	0.7
印刷和记录媒介复制业	10.4	6.3
文教、工美、体育和娱乐用品制造业	9.1	8.0
橡胶和塑胶制品业	6.3	3.3
纺织	5.1	3.0
纺织业	4.2	0.9
纺织服装、服饰业	6.2	4.8
化学纤维制造业	5.3	8.2
医药	11.8	10.2
医药制造业	12.0	9.9

整体来看，2018 年消费品工业挑战与机遇并存。淘汰落后产能、分类化解过剩产能力度持续加大，部分传统产能面临萎缩，节能减排和环境保护压力也持续加大。但同时，政府持续释放扩内需政策红利，居民消费升级需求持续高涨，新型城镇化建设带来巨大消费潜力和市场空间，消费品工业持续稳定增长趋势向好。

① 数据来源：根据国家统计局数据整理所得。

8.1.3 消费品工业得分特点

测算结果显示，消费品工业的可持续发展整体表现得分为 60.7 分，比全样本企业低 0.4 分，在 12 个测算行业中排名第九。其中，消费品工业企业中的最高分为 84.6 分、最低分为 37.4 分。从得分等级分布来看，8.7% 的企业位于“良好”等级，比全样本企业低 2.2 个百分点；44.9% 的企业位于“合格”等级；46.4% 的企业处在“需要改进”等级（见图 8–1）。

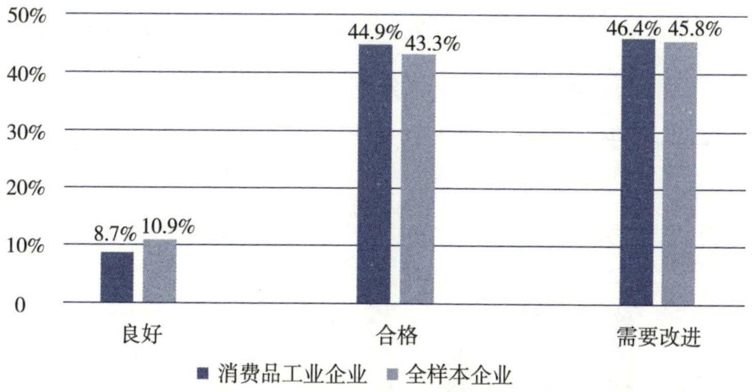

图 8–1　消费品工业企业的可持续发展指数分等示意图

从可持续发展指数的 3 个维度来看，消费品工业企业的得分率从高到低依次为：社会维度（75.4%）、竞争力维度（74.6%）、环境维度（62.1%）（见图 8–2）。与全样本企业平均水平相比，社会维度低 1.25 个百分点、竞争力维度高 0.60 个百分点、环境维度低 0.94 个百分点（见图 8–3）。

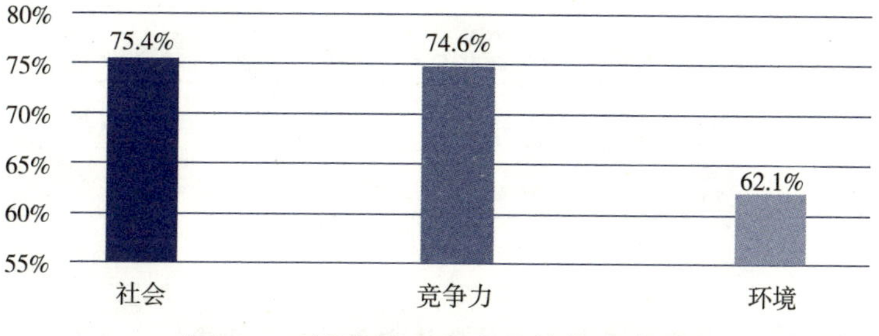

图 8–2　消费品工业企业的维度表现

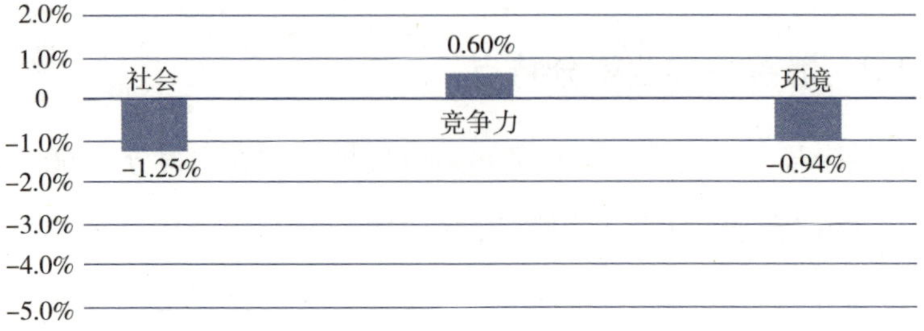

图 8-3　消费品工业企业与全样本企业的维度表现差距

社会维度的 3 个二级指标中，“政府”“社区”和“客户”指标得分率依次为 82.7%、73.3% 和 70.9%（见图 8-4）。与全样本企业平均水平相比，“政府”“社区”和“客户”指标得分率分别低 2.35 个百分点、0.54 个百分点和 1.16 个百分点（见图 8-5），其中“政府”指标差距明显，有较大提升空间。

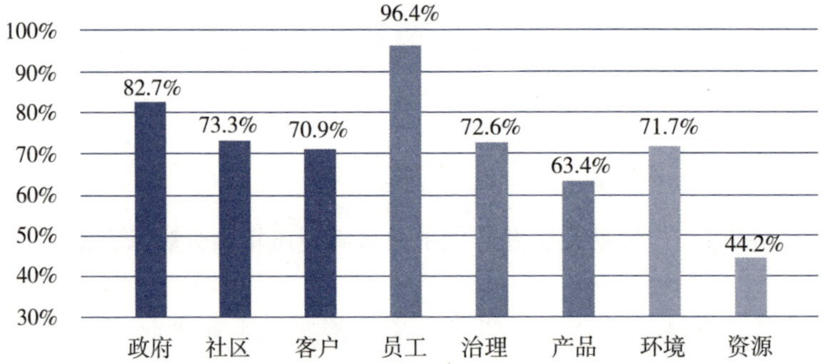

图 8-4　消费品工业企业的二级指标表现

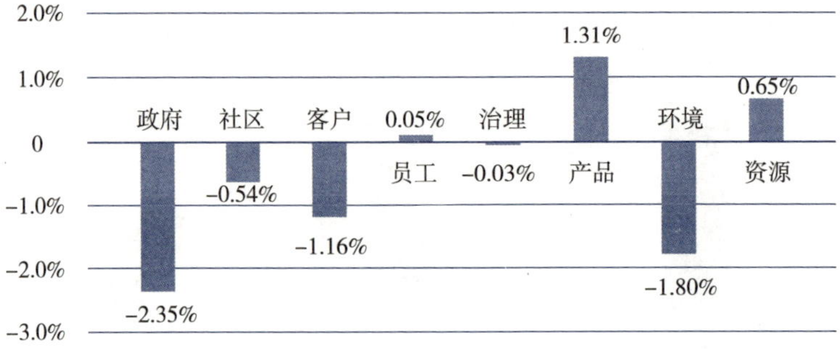

图 8-5　消费品工业企业与全样本企业的二级指标表现差距

竞争力维度的3个二级指标中，“员工”“产品”和“治理”指标得分率依次为96.4%、72.6%和63.4%（见图8–4）。与全样本企业平均水平相比，“员工”指标得分率高0.05个百分点、“治理”指标低0.03个百分点、“产品”指标高1.31个百分点（见图8–5）。“产品”指标优势较为明显，是拉升竞争力维度优于全样本企业的主要原因。

环境维度的2个二级指标中，“环境”和“资源”指标得分率分别为71.7%和44.2%（见图8–4）。与全样本企业平均水平相比，“环境”指标得分率低1.80个百分点、“资源”指标高0.65个百分点（见图8–5）。“环境”指标差距较为明显，是环境维度表现不佳的主要原因。

以“资源”二级指标下的三级指标为例，“能源产出率”“水资源产出率”“资源管理体系”“资源利用信息公开”“循环利用协同处理”“清洁能源利用”“终端回收体系”7项指标得分率依次为71.0%、63.5%、46.9%、42.1%、36.2%、30.3%和11.6%（见图8–6）。与全样本企业平均水平相比，“能源产出率”“循环利用协同处理”2项指标分别高3.68个百分点和5.54个百分点，“清洁能源利用”指标低5.01个百分点（见图8–7）。

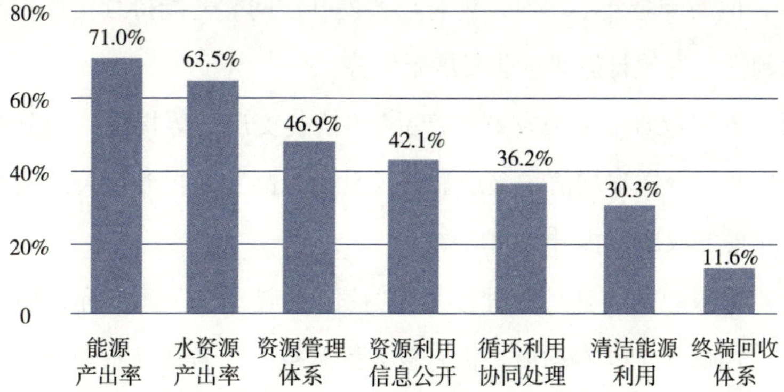

图8–6 消费品工业企业在“资源”下的三级指标表现

比较消费品工业企业和全样本企业的三级指标表现，可以识别出消费品工业的优势和差距，发现该行业需要重点关注的13项可持续发展指标

（见图 8–8）。

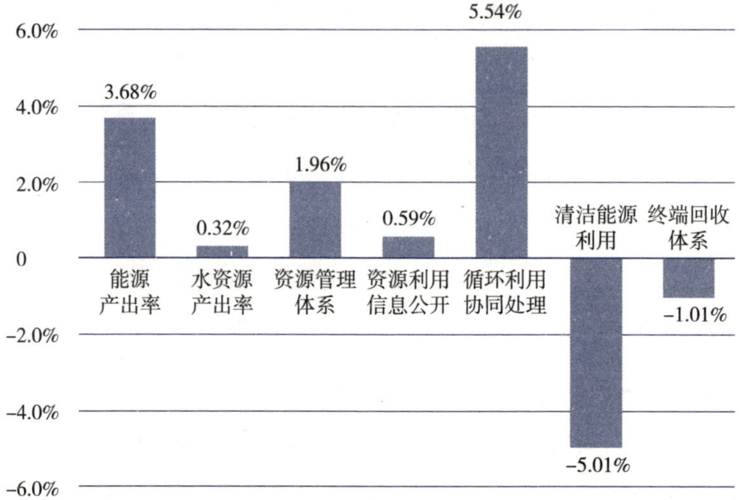

图 8–7　消费品工业企业与全样本企业在“资源”下三级指标表现差距

第一象限包括“品牌建设”“能源产出率”2 项指标，得分率高于 50%，且高于全样本均值，行业绩效处于领先水平。

第二象限包括“研发投入”“循环利用协同处理”2 项指标，得分率低于 50%，但高于全样本均值，仍有较大提升空间。若能持续发挥行业前瞻性和引领性，有望打造成企业发展新优势。

第三象限包含“环境友好型产品”“扶贫支出”等指标，得分率低于 50%，且低于全样本均值，差距显著，是消费品工业提升可持续发展水平应重点考虑的议题，提升空间广阔。

第四象限包括“环境管理体系”“社区发展支持”等指标，得分率高于 50%，但低于全样本均值，仍有较大提升空间。若提高重视并对标领先行业，有望跃升至第一象限。

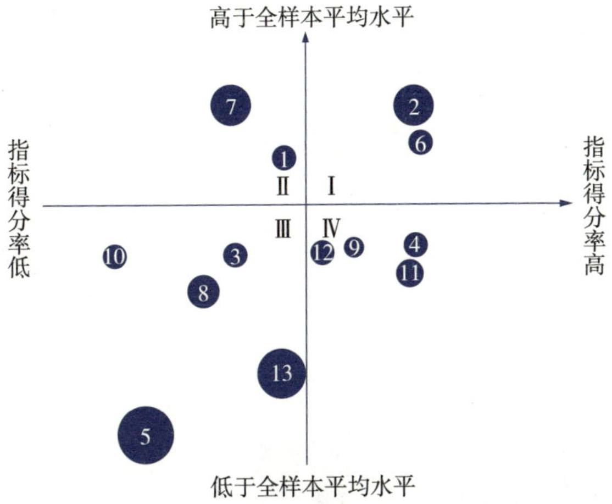

1- 研发投入 2- 品牌建设 3- 利税贡献 4- 环境管理体系 5- 环境友好型产品
6- 能源产出率 7- 循环利用协同处理 8- 清洁能源利用 9- 客户信息保护
10- 绿色消费倡导 11- 社区发展支持 12- 志愿者服务 13- 扶贫支出

图 8-8 消费品工业需重点关注的可持续发展指标

注：气泡大小表示与全样本企业的差距；差距越大，气泡越大。

8.1.4 分析与建议

（1）企业品牌意识较强，仍需积极推动品牌建设规范化和国际化

企业品牌是外界对企业综合实力的评价和认可，在人民生活水平不断提高和消费升级的背景下，具有影响力的品牌无疑是消费者的首选。整体而言，由于消费品工业的民生行业属性，消费者往往将品牌作为选购商品的首要参考要素，因而企业普遍较为重视品牌建设。

测算发现，消费品工业企业品牌建设表现较好，高出全样本企业均值 5.4 个百分点。其中，七成以上企业曾获不同机构颁发的品牌相关奖项或荣誉；约两成企业入选国际品牌机构世界品牌实验室、国际品牌评级机构 Brand Finance、清华大学等国内外机构发布的品牌价值榜单；一成企业获得中国驰名商标或地方著名商标。同时，81.8% 的消费品工业企业拥有

品牌建设管理体系或制度，略高于全样本平均水平，但与领先行业[1]相比还有一定差距（见图 8–9）。领先企业非常注重塑造品牌形象、提供优质产品和服务。例如，格力坚持与时俱进的品牌思路，针对不同阶段的市场需求和社会现实，给品牌不断注入新理念，对品牌进行 5 次品牌理念更新升级，使品牌始终保持新鲜活力，提出了“让世界爱上中国制造”的目标。

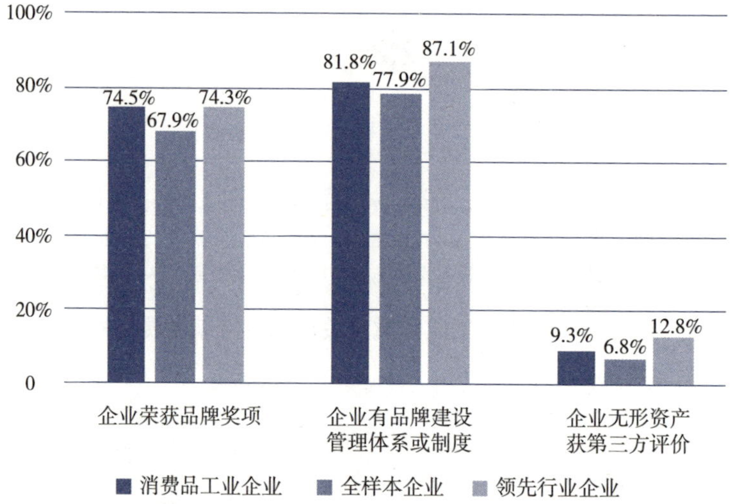

图 8–9　消费品工业企业“品牌建设”表现

总体上讲，消费品工业企业品牌建设力度不够、管理不够规范，中国品牌的海外竞争力还不强。需深入实施“三品”战略，巩固自身品牌优势，打造品牌核心价值，提高品牌竞争力，完善品牌服务体系，推进品牌国际化，不断开创企业品牌建设新局面。

（2）强化优质产品供给，大力倡导绿色消费

当前，以供给侧结构性改革为核心的结构调整和产业转型带来的阵痛将持续存在，同时国家淘汰落后产能、分类化解过剩产能的力度持续加大，消费品工业企业亟待强化优质产品供给。

① 指本指标得分率最高的行业。

测算发现，消费品工业企业的中高端产品或绿色产品供给不足。“质量提升”得分率仅为 50.1%，部分企业尚未建立质量管理制度或质量提升计划，企业高附加值产品比值偏低；而“环境友好型产品”指标得分率仅为 19.3%，比全样本企业平均水平低 13.3 个百分点，消费品工业企业绿色产品的供给水平差距显著（见图 8-10）。具体来看，消费品工业仅有 24.8% 的企业有环境友好产品的开发、生产规划或计划，而在全样本和表现最优的汽车行业中，这一比例分别达到 39.3% 和 66.6%；在开发环境友好型产品费用披露点方面，消费品工业企业也表现出明显差距，仅有 14.0% 的企业披露了用于开发环境友好型产品的费用，远低于全样本企业平均水平（见图 8-11）。

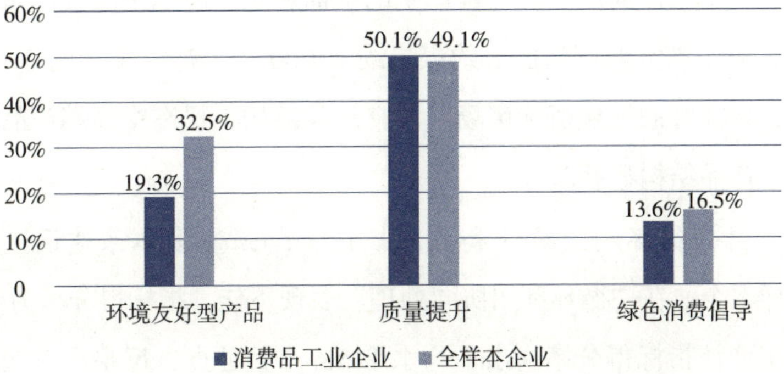

图 8-10 消费品工业与全样本企业的指标表现对比

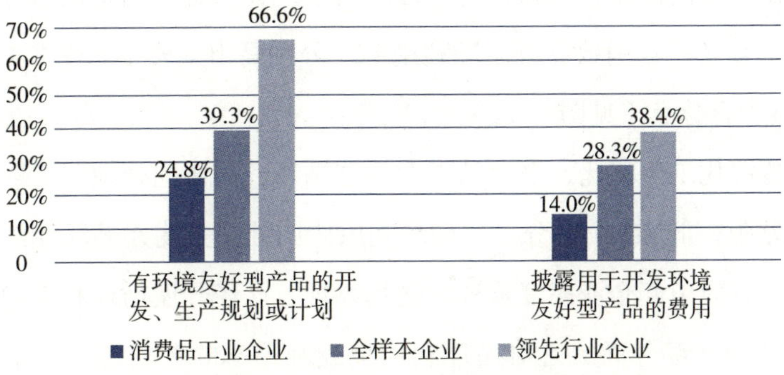

图 8-11 消费品工业企业“环境友好型产品”表现

消费品工业是直接面向消费者的行业。大力推广绿色消费产品，引导消费者建立健康理性消费理念，不仅可以助力绿色低碳循环发展，还将带动企业自身市场份额的提高。测算发现，消费品工业在绿色消费理念倡导上也缺乏力度。“绿色消费倡导”指标得分率仅为13.6%，低于全样本平均水平2.9个百分点（见图8-10）。

消费品工业企业应以加快推进产业转型升级为契机，从供给侧和需求侧双向着手，提高中高端产品和绿色产品的占比，加强绿色消费理念的培育，不断壮大消费新增长点。例如，富士施乐始终秉承“绿色产品始于绿色设计”的环保理念，在研发环节就预先考虑产品在制造、装配、使用及回收中会遇到的问题，通过使用节能环保材料、改进工艺流程等方式，降低产品在整个生命周期中对环境产生的负面影响；海尔集团推出磁悬浮中央空调，应用该空调产品已节约煤炭约21606吨，每年减少能耗6200吨标准煤；珠江啤酒聚焦目标市场，调整产品结构，提高中高端产品占比至87.14%，产品结构显著改善。

（3）补齐循环利用统计和监测短板，加强制度体系建设

全样本企业在“循环利用协同处理”表现不佳，指标得分率为30.6%，消费品工业该指标得分率高出平均水平5.6个百分点，反映出对循环利用的重视和践行程度相对较高。具体来看，消费品工业有46.6%的企业能将废弃物作为替代性原料或燃料进行再次利用，有18.1%的企业通过公开渠道披露了其循环利用数量或循环利用率，分别高出全样本水平7.4个百分点和3.6个百分点（见图8-12）。

与能源化工业相比，消费品工业的“循环利用协同处理”指标得分率仍存在差距，低8.3个百分点。循环利用协同处理是构建循环经济的主要内容之一，应引起企业高度重视。测算发现，已经开展循环利用的消费品工业企业中，部分尚缺乏对循环利用量或利用率的数据统计，未建立全面、系统的循环利用台账，有待完善。

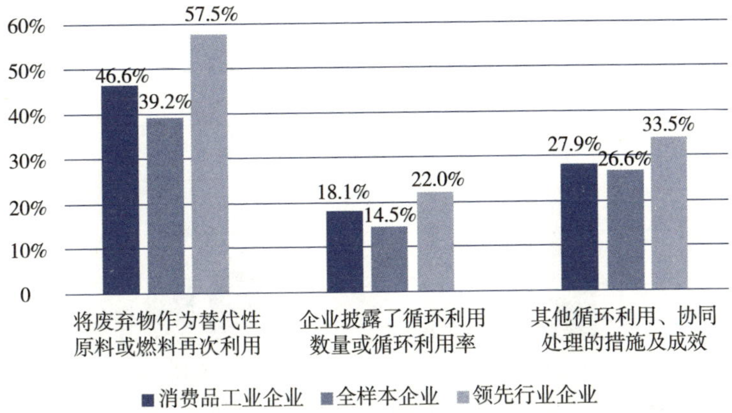

图 8–12　消费品工业企业“循环利用协同处理”表现

领先企业深耕细作，开展循环利用。例如，青岛啤酒实现对自身产生的副产品及可利用废物的全部回收，综合利用价值同比提升 6%；① 芬欧汇川常熟纸厂已实现 98% 的工厂固体废弃物被重复利用或回收。

（4）适应消费品质升级需求，加大研发和创新力度

消费品工业核心竞争力不强，品种、品质、品牌与国际先进水平相比有较大差距，产业结构不够合理，有效供给能力和水平难以适应消费升级的需要。从细分行业来看，轻工和纺织产品附加值较低，中高端产品比例小，缺乏在国内外有影响力的自主品牌，无法满足消费升级需求；步入物联网、大数据、人工智能、万物互联的新时代后，智能家电和绿色家电等高端产品占比不断提升，但整体仍处于较低水平；食品行业中，消费者对高品质、个性化、便捷、附加值高的产品需求旺盛，但食品加工生产企业的产品以原料型低端产品居多，还有较大提升空间。

消费品工业企业的研发投入和创新能力明显不足。测算数据显示，消费品工业企业“研发投入”和“创新成果”的指标得分率分别为 45.6% 和 33.2%，与领先行业差距显著（见图 8–13）。

① 数据来源：《青岛股份有限公司 2018 年环境、社会及管治报告》。

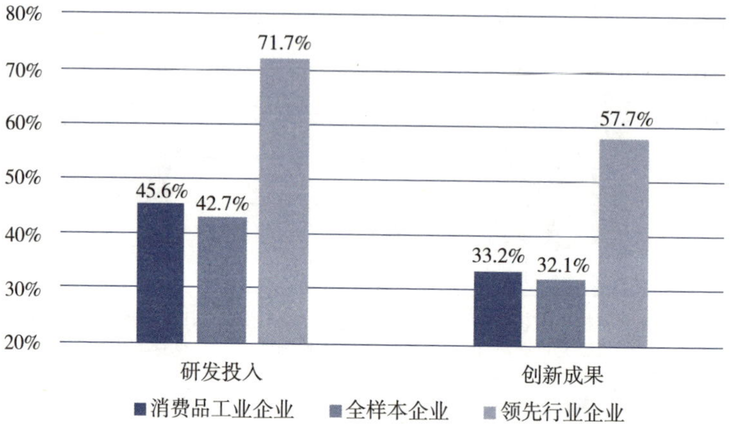

图 8-13　消费品工业企业与全样本企业研发创新情况比较

以医药行业为例，测算企业中的医药企业研发投入占营业收入的比重均不足 10%，而 2017 年全球制药 50 强企业的平均研发投入占比为 20.3%，差距显著。作为战略性新兴产业的医药行业是一个高科技、高投入、高风险的行业，需要不断增强新药自主研发和原始创新能力，降低仿制药比重、提高原研药供给，实现医药行业的转型升级，提升企业核心竞争力。

消费品工业企业要实施创新驱动战略，加大研发和创新能力，加快医药、食品、智能家电等领域关键技术研发力度，整合优质资源，推动产业集群化、规模化发展，不断提升核心竞争力。同时，鉴于消费品工业直接面向消费者的特点，企业也应该积极探索商业模式创新，通过与物联网、大数据、人工智能等技术深度融合，加快向以消费者需求为主导的个性化、定制化、精准化方向转型。

8.2　机械设备制造业

8.2.1　机械设备制造业简述

制造业是我国国民经济支柱产业，是立国之本、兴国之器、强国之基，是一个国家综合实力的体现；机械设备制造业是制造业的核心组成部分，为我国第一、第二产业发展提供基础性服务。

指数测算中共有 111 家来自机械设备制造业的企业，在全样本企业中占比为 10.3%。其中，年度营业收入规模超过 1000 亿元的有 12 家，100 亿～1000 亿元的有 32 家；19 家企业进入 2018 年中国企业 500 强。

8.2.2 机械设备制造业现状

当前，我国经济发展已由高速增长阶段逐步转入高质量发展阶段。近年来，尽管制造业增加值在全国 GDP 中的比重呈下降趋势，但以制造业为代表的实体经济仍是中国经济高质量发展的中坚力量。同时，全球制造业正处于更新发展理念、调整失衡结构、重塑竞争优势的关键节点，制造业也重新成为全球经济竞争热点。

为推动制造业更可持续发展，2015 年，我国制定制造业强国建设“三步走”战略：第一步到 2025 年迈入制造强国行列，第二步到 2035 年我国制造业整体达到世界制造强国阵营中等水平，第三步到新中国成立一百年时，制造业大国地位更加巩固，综合实力进入世界制造强国前列；2017 年，国家发展改革委办公厅印发《增强制造业核心竞争力三年行动计划（2018—2020 年）》重点领域关键技术产业化实施方案；党的十九大报告中明确提出“加快建设制造强国，加速发展先进制造业”。在上述政策的推动下，机械设备制造业的创新产品呈现井喷式增长。

然而，与世界先进水平相比，我国的机械设备制造业仍然大而不强、全而不优，在自主创新能力、资源利用效率、产业结构优化、质量效益提升等方面差距明显，具体表现在：①自主创新能力不足，工业机器人、嵌入式芯片等各种高端制造装备和零部件的核心技术受制于人。②发展不平衡、不充分，产业结构待优化，高端供给不足。一批过剩产能无法退出市场，资源使用效率和效益较低，产品质量不优。③国际知名品牌较少，品牌价值低，缺少国际竞争力，急需完成从“中国品牌”到“中国品质”的跨越。④高端人才结构性缺失。

机械设备制造业企业需不断提高质量效益、转变生产方式，从传统的大而全式，逐步转向以人工智能、工业机器人等为代表的高端制造，重塑企业核心竞争优势。

8.2.3 机械设备制造业得分特点

测算结果显示，机械设备制造业的可持续发展整体表现为 61.3 分，比测算企业整体水平高 0.2 分，在 12 个行业中排名第七。其中，机械设备制造业企业的最高分为 79.8 分，最低分为 40.2 分。从得分等级分布来看，9.9% 的企业位于“良好”等级，比全样本企业低 1.0 个百分点；48.6% 的企业表现“合格”，比全样本企业高 5.3 个百分点；41.4% 的企业处在“需要改进”等级（见图 8–14）。

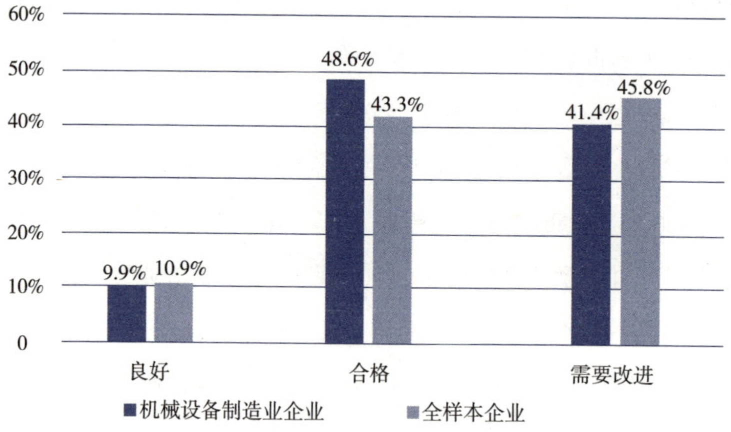

图 8–14 机械设备制造业企业的可持续发展指数分等示意图

从可持续发展指数的 3 个维度来看，机械设备制造业的得分率从高到低依次为社会维度（75.5%）、竞争力维度（75.3%）、环境维度（62.3%）（见图 8–15），分别比全样本企业平均水平低 1.08 个百分点、高 1.30 个百分点、低 0.77 个百分点（见图 8-16）。

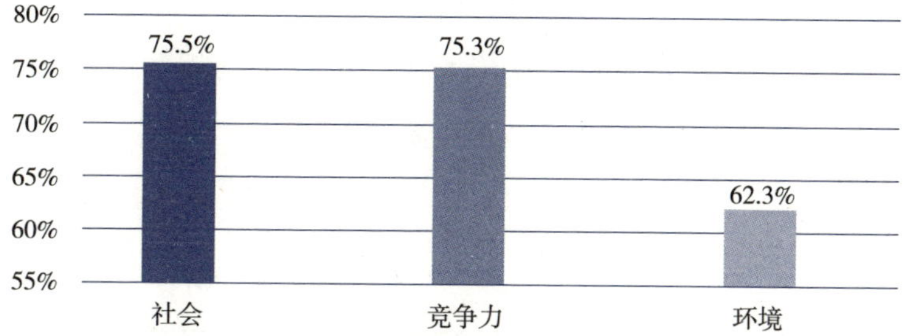

图 8-15　机械设备制造业企业的维度表现

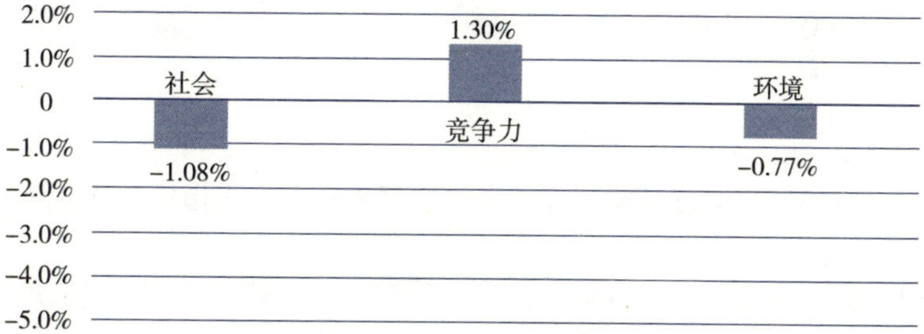

图 8-16　机械设备制造业企业与全样本企业的维度表现差距

社会维度的 3 个二级指标中，"政府""社区"和"客户"指标得分率依次为 83.8%、72.3% 和 71.8%（见图 8-17）。与全样本企业平均水平相比，"政府""社区"和"客户"得分率分别低 1.27、1.53 和 0.28 个百分点（见图 8-18）。"社区"指标差距较为明显，有较大提升空间。

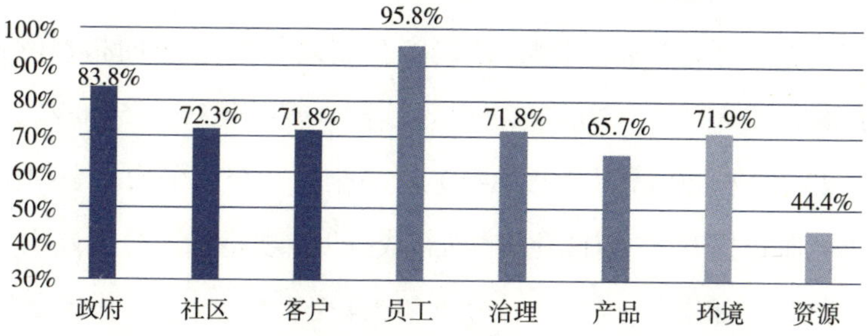

图 8-17　机械设备制造业企业的二级指标表现

竞争力维度的 3 个二级指标中，"员工""治理"和"产品"指标得分率依次为 95.8%、71.8% 和 65.7%（见图 8–17）。与全样本企业平均水平相比，“员工”和“治理”指标得分率分别低 0.54 和 0.78 个百分点，“产品”指标得分率高 3.00 个百分点（见图 8–18）。“产品”指标优势较为明显，是拉升竞争力维度优于全样本企业的主要原因。

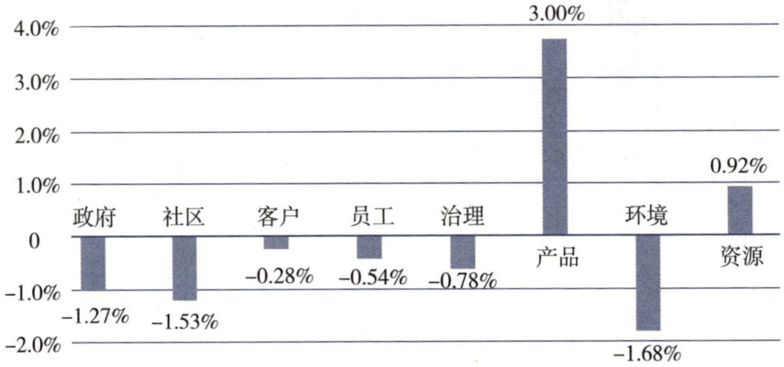

图 8–18　机械设备制造业企业与全样本企业二级指标表现差距

环境维度的 2 个二级指标中，“环境”和“资源”指标得分率依次为 71.9% 和 44.4%（见图 8–17）。与全样本企业平均水平相比，“环境”指标低 1.68 个百分点，“资源”指标高 0.92 个百分点（见图 8–18）。“环境”指标差距较为明显，是环境维度与全样本企业拉开差距的主要原因。

以“产品”下的三级指标为例，“质量控制”“知识产权保护”“供应商管理体系”“研发投入”“品牌建设”“质量提升”“智能化”“市场占有率”“创新成果”“绿色采购”“新产品创效”11 项正向指标的得分率依次为 88.3%、80.7%、70.4%、66.4%、61.1%、54.7%、54.6%、44.4%、37.5%、23.7% 和 20.7%（见图 8–19）。与全样本企业平均水平相比，“研发投入”“质量提升”“智能化”“创新成果”4 项指标，分别高出 23.6 个百分点、5.7 个百分点、4.9 个百分点和 5.4 个百分点；“品牌建设”“绿色采购”2 项指标，分别低 3.8 和 2.2 个百分点（见图 8–20）。

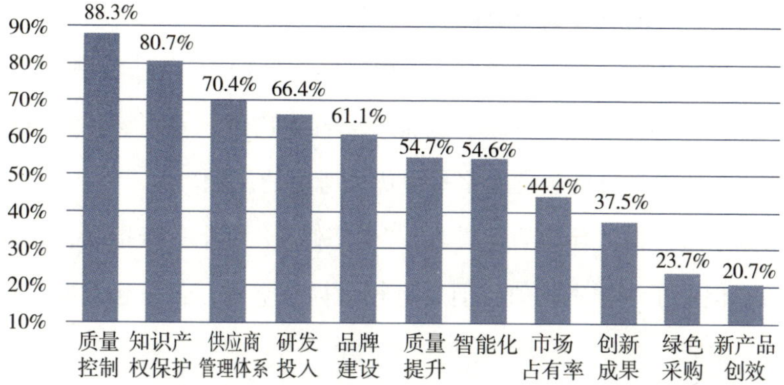

图 8-19 机械设备制造业在“产品”下的部分三级指标表现

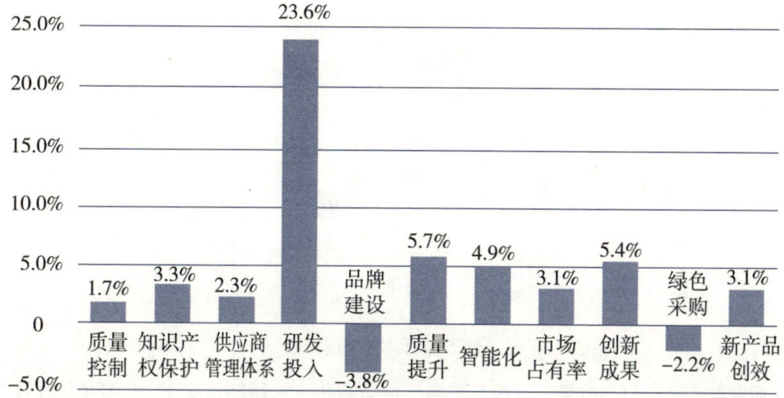

图 8-20 机械设备制造业企业与全样本企业在“产品”下部分三级指标表现差距

比较机械设备制造业企业和全样本企业的三级指标表现，可以识别出机械设备制造业的优势和差距，发现该行业需要重点关注的 13 项可持续发展指标（见图 8-21）。

第一象限包括“智能化”“能源产出率”“水资源产出率”等三级指标，得分率高于 50%，且高于全样本均值，行业绩效处于领先水平。

第二象限包括“国际化发展”“清洁能源利用”等三级指标，得分率低于 50%，但高于全样本均值，仍有较大提升空间。若能持续发挥行业引领作用，有望打造企业发展新优势。

第三象限包含“绿色采购”“生物多样性保护”“循环利用协同处理”等三级指标，得分率低于50%，且低于全样本均值，差距显著，是机械设备制造业企业提升可持续发展水平应优先考虑的议题。

第四象限包括“环境治理投入”“生态修复”2个三级指标，得分率高于50%，但低于全样本均值，但仍有较大提升空间，若引起重视，有望跃升至第一象限。

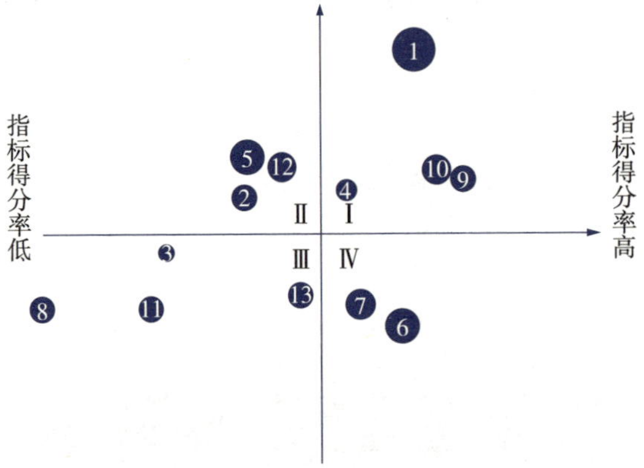

1- 研发投入　2- 创新成果　3- 绿色采购　4- 智能化　5- 国际化发展　6- 环境治理投入
7- 生态修复　8- 生物多样性保护　9- 能源产出率　10- 水资源产出率
11- 循环利用协同处理　12- 清洁能源利用　13- 扶贫支出

图 8-21　机械设备制造业需重点关注的可持续发展指标

注：气泡大小表示与全样本企业的差距；差距越大，气泡越大。

8.2.4　分析与建议

（1）突破核心关键技术，夯实制造强国基础

测算结果显示，机械设备制造业企业“研发投入”和“质量提升”指标得分率分别为66.4%和54.7%（见图8-22），处于较低水平，整体上呈现研发投入强度偏低、中高端产品占比不高的产业技术经济特征，与美

国、德国等制造业强国差距较大，尚未形成全球竞争优势。

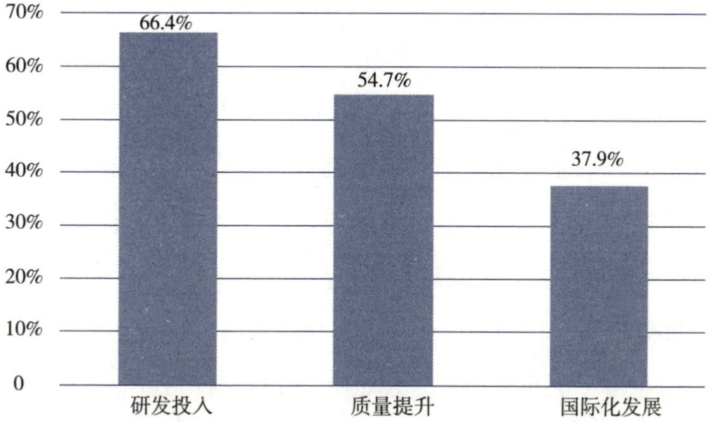

图 8-22　机械设备制造业企业部分三级指标表现

机械设备制造业企业“国际化发展”指标得分率仅为 37.9%，仍处于偏低水平，反映出其国际化经营能力有待进一步提升。

机械设备制造业企业一方面需持续提升创新能力，加强关键核心技术研发，强化质量基础支撑，提升产品和服务品质，努力推动实现以高质量发展为目标的转型升级。另一方面，应积极把握全球化和“一带一路”倡议契机，应用互联网技术不断完善现代化国际营销网络体系，促进价值链环节位势的提升，全方位开拓国际市场，提高国际化经营水平。

（2）积极发展智能制造，推动制造业转型升级

当今，在数字化、网络化、智能化驱动的第四次工业革命背景下，智能制造成为全球制造业发展趋势。与美国、德国等依靠品牌核心技术标准和专利的高端制造相比，我国制造业升级十分紧迫。而智能制造凭借优化整体效率、提升运营实绩、提高作业安全性等多重优势，已成为推动我国机械设备制造业升级的重要手段。

测算显示，机械设备制造业“智能化”指标得分率为 54.6%，高于全样本平均水平 4.9 个百分点，智能化水平较高。大多数企业积极拓展智能

制造，65.5% 的企业制订了智能化发展计划，一半以上企业拥有智能智造、智能工厂或智能管理等领域的相关实践，并探索出众多智能制造创新模式。例如，三一重工以数字一体化模式，建立全球先进的现代化数字工厂，成为中国智能制造的一张名片；海立集团以个性化定制模式，建设以顾客为中心的“海立大规模定制智能制造系统”；长飞光纤的智能工厂模式，通过嫁接物联网，打通信息空间与物理空间的集成，对生产、物流、设备进行统一调度和指挥，实现智能生产。

测算数据表明，与领先行业相比，机械设备制造业在智能化计划和践行方面，仍存在一定差距（见图 8-23）。机械设备制造业企业需深入拓展智能制造，制定自身智能化战略，界定企业亟须提高或改进的重点，利用数字化技术逐步优化机械设备制造中的加工、设计、制造、管理等各环节，提高企业的“智造”水平。

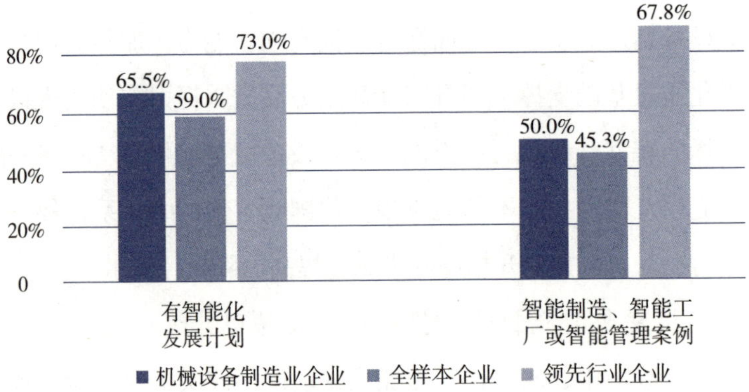

图 8-23　机械设备制造业企业与全样本企业“智能化”指标表现对比

（3）推行绿色采购，强化供应链管理

近年来，我国环保督察保持高压态势，忽视对供应链环境风险的识别和管理，可能导致“舍弗勒断供”[①] 类似事件再次发生，给企业造成巨大经

① 2017 年，舍弗勒公司的原材料供应商因环保问题被关停，导致断供，给舍弗勒公司造成了 3000 亿元的产值损失。

济损失。这对机械设备制造业企业绿色供应链管理能力提出了更高要求，企业需将环境管理延伸到供应链采购中，贯穿于原材料、产品和服务采购的全过程，并努力倒逼产业链上游供应商采取节能环保措施，减少对环境的负面影响，实现与供应商共担责任、共享机遇，打造绿色供应链体系。

测算发现，机械设备制造业企业在“供应商管理体系”指标上的表现较好，指标得分率高出测算企业整体水平 2.3 个百分点。机械设备制造业企业普遍建立了供应商管理体系或准入制度，大多数企业对供应商在遵守法规、产品质量、诚信经营、安全生产、劳工保障等方面提出明确要求，积极推行责任采购、阳光采购、廉洁采购，并通过分级管理、动态考评等方式定期剔除不合格供应商。

在“绿色采购”方面，机械设备制造业企业仍显不足，指标得分率仅为 23.7%，低于全样本平均水平 2.0 个百分点。测算企业中，60% 的企业缺少绿色采购相关信息披露，仅有 1/4 的企业明确表示将环境保护纳入供应商考核中，而制定了翔实、明确的绿色采购管理办法或制度的企业则更少（见图 8–24）。从测算结果可以看出，机械设备制造业与领先行业在供应商绿色管理方面差距显著，需积极对标领先行业，借鉴强化绿色供应链管理、推行绿色采购的先进经验。明确提出供应商环保管理要求，定期评

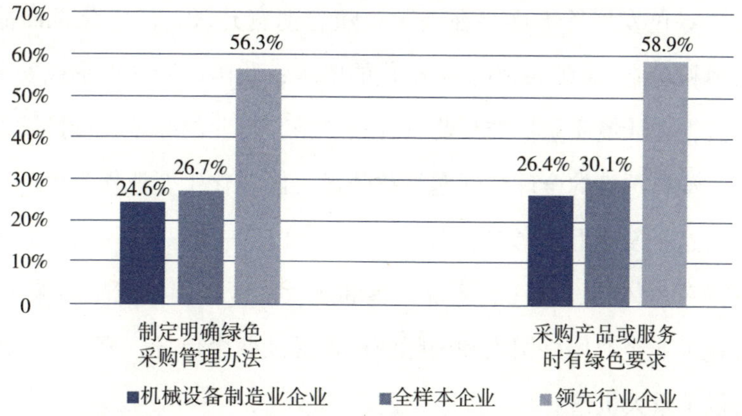

图 8–24 机械设备制造业企业与全样本企业“绿色采购”指标表现对比

定环境保护绩效，量化检查清单，向不符合绿色采购要求的供应商发送书面环保风险提示及预警。通过以上措施不断化解供应链潜在环境风险，带动全产业链构建绿色供应链体系，从而获得更加稳定、长久、可持续的市场竞争力。

8.3 能源化工业

8.3.1 能源化工业简述

我国是世界能源化工产品生产大国，也是世界最大的能源化工产品市场。能源化工业是我国战略性支柱产业，具有生产线长、涉及面广、产品众多的特点，在国民经济中占据极其重要的地位。

指数测算中共有 95 家能源化工业企业，且大多是业内规模和影响力较大的企业，在全样本企业中占比 8.9%。其中，年度营业收入规模超过 1000 亿元的有 11 家，100 亿～1000 亿元的有 39 家；25 家企业位列 2018 年中国企业 500 强。

当前，我国经济迈入高质量发展阶段，对能源化工业提出了新的发展要求。一方面，与国际一流能源化工企业相比，我国企业在技术创新、产业结构、绿色发展等方面存在差距。随着消费升级，能源化工产品的质量、品种和功能将面临更高、更细化的要求；我国政府高度重视安全、节能减排监管，环境质量标准与监管日趋严格，行业的绿色、可持续发展任务艰巨；塑料污染的全球性问题日益凸显，能源化工企业作为生产者，需积极应对这一复杂且严峻的挑战。另一方面，“一带一路”倡议的全面推进，京津冀一体化、长江经济带、粤港澳大湾区等国家战略的深入实施，为能源化工业企业用好国内和国际两种资源及两个市场、充分参与国际合作，提供了重大机遇。

8.3.2 能源化工业得分特点

测算结果显示，能源化工业的可持续发展整体得分为 59.8 分，比测算企业整体水平低 1.3 分，在 12 个行业中排名第十。其中，能源化工业企业的最高分为 85.4 分，最低分为 30.2 分。从得分等级分布来看，10.5% 的企业位于“良好”等级，比全样本企业低 0.4 个百分点；37.9% 的企业表现“合格”，比全样本企业低 5.4 个百分点；51.6% 的企业处在“需要改进”等级（见图 8–25）。

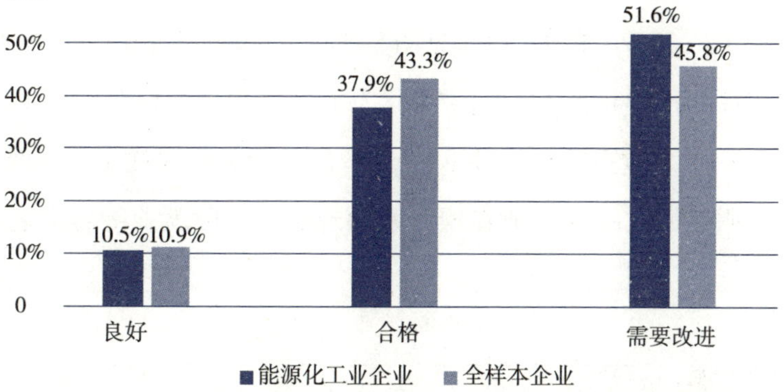

图 8–25　能源化工业企业的可持续发展指数分等示意图

从可持续发展指数的 3 个维度来看，能源化工业的得分率从高到低依次为社会维度（76.7%）、竞争力维度（75.1%）、环境维度（58.8%）（见图 8–26），分别比全样本企业平均水平高 0.12 个百分点、高 1.07 个百分点、低 4.25 个百分点（见图 8–27）。

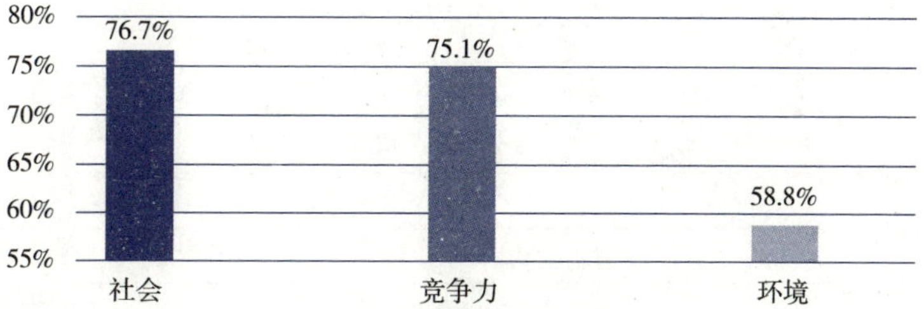

图 8–26　能源化工业企业的维度表现

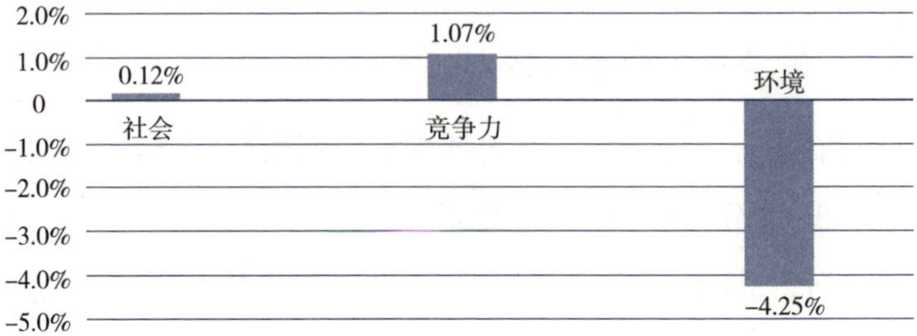

图 8-27 能源化工业企业与全样本企业的维度表现差距

社会维度的 3 个二级指标中，“政府”“社区”和“客户”指标得分率依次为 88.1%、72.6% 和 71.1%（见图 8-28）。与全样本企业平均水平相比，“政府”指标高 3.04 个百分点，“社区”和“客户”指标分别低 1.19 个百分点和 0.98 个百分点（见图 8-29）。“政府”指标表现优于其他两个二级指标，说明能源化工业企业在遵守政府规定、保障就业等方面表现较为突出。

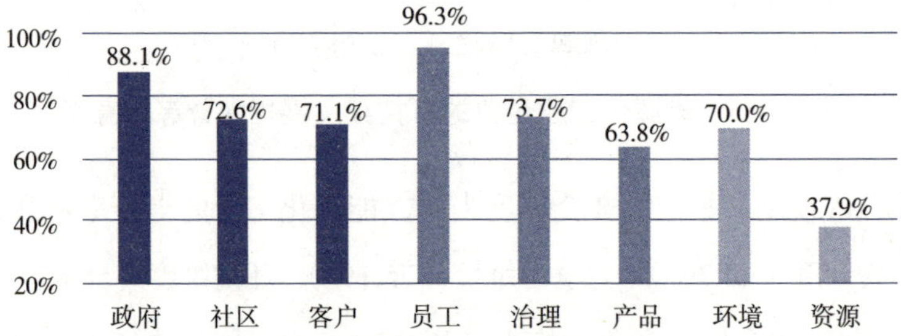

图 8-28 能源化工业企业的二级指标表现

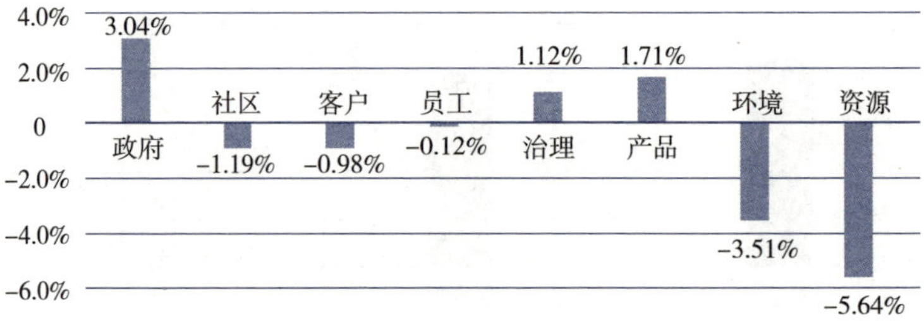

图 8-29 能源化工业企业与全样本企业的二级指标表现差距

竞争力维度的3个二级指标中，“员工”“治理”和“产品”指标得分率依次为96.3%、73.7%和63.8%（见图8–28）。与全样本企业平均水平相比，“员工”指标低0.12个百分点，“治理”和“产品”指标分别高1.12个百分点和1.71个百分点（图8–29）。“产品”指标优势较为明显，是拉升竞争力维度表现优于全样本企业的主要原因。

环境维度的2个二级指标中，“环境”和“资源”指标得分率分别为70.0%和37.9%（见图8–28）。与全样本企业平均水平相比，“环境”和“资源”指标分别低3.51个百分点和5.64个百分点（图8–29）。“资源”指标差距突出，是影响环境维度表现的关键因素。

以“资源”下的三级指标为例，“循环利用协同处理”“资源管理体系”“能源产出率”“清洁能源利用”“资源利用信息公开”“水资源产出率”“终端回收体系”7项指标得分率依次为44.5%、44.4%、43.9%、43.1%、42.5%、36.0%、5.9%（见图8–30）。与全样本企业平均水平相比，“循环利用协同处理”“清洁能源利用”2项指标分别高出13.83个百分点和7.76个百分点，“能源产出率”“水资源产出率”“终端回收体系”3项指标分别低23.38、27.14和6.74个百分点（见图8–31）。

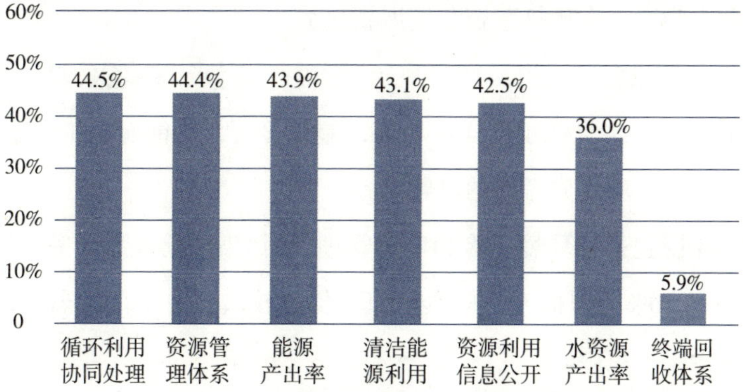

图8–30 能源化工业企业在“资源”指标下的三级指标表现

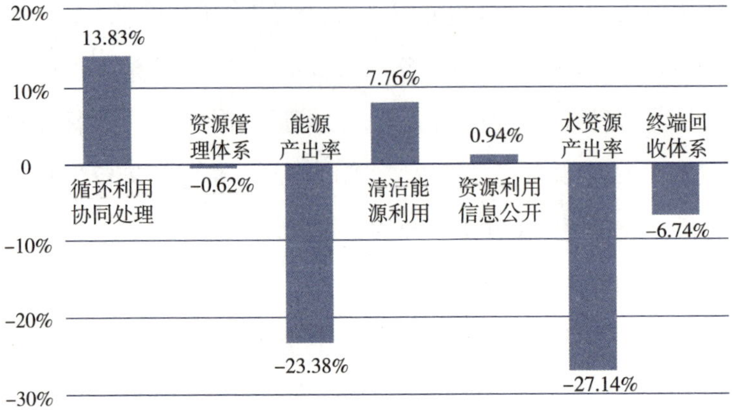

图 8-31　能源化工业企业与全样本企业在“资源”下的三级指标表现差距

比较能源化工业企业和全样本企业的三级指标表现，可以识别出能源化工业的优势和差距，发现该行业需要重点关注的 15 项可持续发展指标（见图 8-32）。

第一象限包括“环境信息公开”“扶贫支出”等三级指标，得分率高于 50%，且高于全样本均值，行业绩效处于领先水平。

第二象限包括“国际化发展”“循环利用协同处理”等三级指标，得分率低于 50%，但高于全样本均值，有较大提升空间。若能持续发挥行业前瞻性和引领性，有望打造企业发展新优势。

第三象限包含“水资源产出率”“能源产出率”“绿色采购”等指标，得分率低于 50%，且低于全样本均值，差距显著，是能源化工业企业提升可持续发展水平应优先考虑的议题。

第四象限包括“环境风险和危机管理”“污染防治成效”等三级指标，得分率高于 50%，但低于全样本均值，仍有较大提升空间，若引起重视，有望跃升至第一象限。

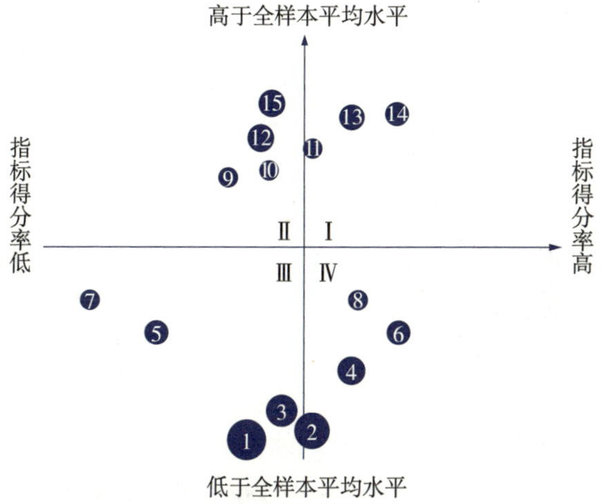

1- 水资源产出率　2- 碳减排成效　3- 能源产出率　4- 环境风险和危机管理　5- 绿色采购
6- 污染防治成效　7- 终端回收体系　8- 供应商管理体系　9- 国际化发展　10- 清洁能源利用
11- 研发投入　12- 创新成果　13- 环境信息公开　14- 扶贫支出　15- 循环利用协同处理

图 8-32　能源化工业需重点关注的可持续发展指标

注：气泡大小表示与全样本企业的差距；差距越大，气泡越大。

8.3.3　分析与建议

（1）完善供应商管理，提升产品绿色竞争力

能源化工业近年来迅速发展，已经形成了齐全的产业链。能源化工业企业采购业务量大、涉及门类众多，除了注重自身环境绩效表现外，还应优化供应商管理，将环境责任传导到供应链上下游，将绿色环保融入产品全生命周期，打造兼具经济、环境和社会效益的产品，提升企业的绿色竞争力。

测算显示，能源化工业的“供应商管理体系”“绿色采购”指标表现较弱，得分率分别为 61.7%、15.9%，明显低于全样本平均水平（见图 8-33），其中“绿色采购”指标得分率是各行业中最低的。仅有 16.7% 的企业制定了明确绿色采购管理办法，17.8% 的企业在采购产品或服务时提出了绿色或环保相关要求。而得分最高的汽车行业在这两项上的得分率则

分别达到了 56.3% 和 58.9%（见图 8–34），差距显著。

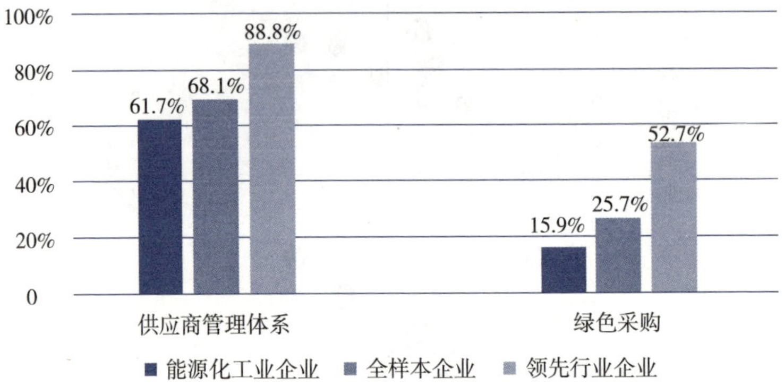

图 8–33　能源化工业企业供应管理指标表现

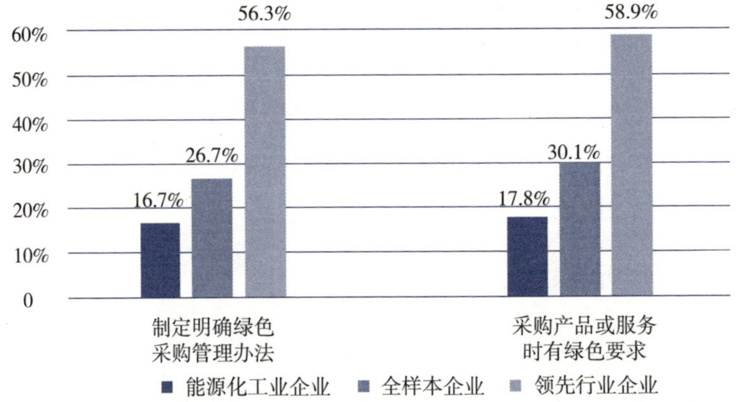

图 8–34　能源化工业企业与其他行业企业“绿色采购”表现差距

鉴于能源化工业链长面广的特点，加强对供应商的可持续发展管理，推进负责任的消费和生产，不仅有利于提升行业的全面风险管理能力、节能减排潜力和产品综合竞争力，还将为保障全社会的清洁能源供应、应对气候变化、保护生态环境、加强可持续发展伙伴关系作出重要贡献。

当前全社会对环境友好型产品的需求日趋强劲，能源化工业产品中的环境友好型产品占比较低，“环境友好型产品”得分率为 27.2%，无论在品种还是数量上，都不能满足社会需求，还有较大提升空间，这也是行业的新增长点。

（2）提高安全环保风险防范意识，强化风险控制管理

能源化工业企业属于高温高压、易燃易爆、有毒有害、资源消耗量大、污染物排放量多的高风险行业，行业属性决定其安全、环境、社会风险高。历史教训显示，能源化工业的重大事故不仅会造成严重的人员伤亡、国家财产损失，往往还会引发严重的次生环境灾害事故，造成严重的水体、大气和土壤污染。若安全和环境事故隐患不能及时消除，将会给企业生存发展和社会稳定带来重大风险。例如，2005 年，吉化公司硝基苯装置爆炸，造成松花江水体严重污染，沿岸数百万居民的生活受到影响；2010 年福建紫金矿业溃坝事件，造成汀江重大水污染事故；2011 年云南曲靖铬渣污染，受污染水体排入珠江源头南盘江，随后曝出“死亡村”等专题报道。

测算结果显示，能源化工业的“风险控制体系建设”“环境风险危机管理”2 项三项指标得分率分别为 69.3% 和 59.5%（见图 8–35），低于全样本企业平均水平 0.4 个百分点和 16.5 个百分点。仅以环境风险为例，能源化工业测算企业中，八成建立了环境管理体系，仅半数企业定期进行环境风险应急预案演练。

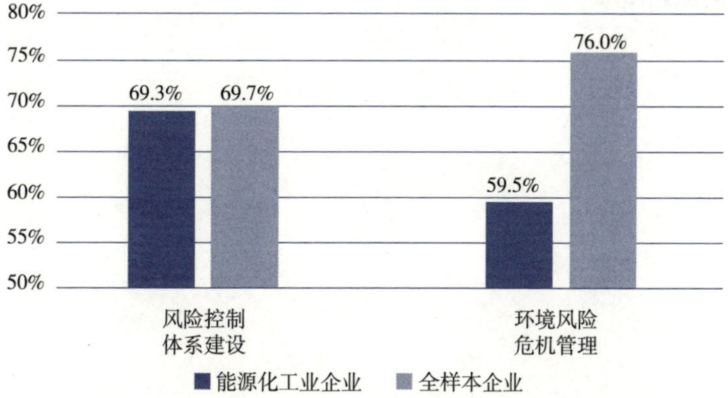

图 8–35 能源化工业企业风险管理指标表现

能源化工业企业亟待进一步完善包括风险识别、风险测评、风险应对、风险监控、预案演练、应急处理、危机公关等在内的全过程风险控制管理体系。

（3）加强产品全生命周期管理，提高循环利用率

2019 年 1 月，全球近 30 家企业发起成立“终结塑料垃圾联盟”。该联盟一经成立，就引起全社会的强烈反响，塑料的生产、使用、处理与回收利用成为公众关注的焦点，整个塑料产业链上的企业纷纷参与其中。

对于能源化工业企业而言，产品的全生命周期管理尤为重要。仅以塑料为例，作为 20 世纪最伟大的发明，塑料在过去 50 年间的产量井喷，然而目前全球塑料制品的回收率仅为 9%，散落在环境中的塑料垃圾对环境、生态、陆地、海洋等均产生极为不利的影响，甚至威胁到人类健康。

测算发现，能源化工业在“循环利用协同处理”指标的表现，是所有行业中最好的，得分率达到 45.7%，但仍有上升空间。能源化工业企业积极应对挑战，努力实现产品的闭环控制，并积极寻求替代产品，生产开发环境友好型产品，加强废弃资源的综合利用率。能源化工业企业应当把握机遇，加强精细化管理水平，强化对主要废弃物的循环利用数据管理，对产品生命周期的情况进行动态监测，并积极与有关国际组织合作，不断提高资源循环利用率。

9 结论与发现

中国企业可持续发展指数通过竞争力、环境、社会 3 个维度（一级指标），8 个方面（二级指标），68 个三级指标及 191 项基础数据（四级指标），系统、全面地构建了我国企业可持续发展的评估体系和测量工具。本次对全样本企业的测评，在相当程度上客观地反映了我国企业可持续发展的现状、能力和水平。本次测评企业得分处于 30.2～85.8 分，平均得分为 61.1 分。总体上看，有相当数量的企业在可持续发展道路上迈出了实质性的步伐，取得了一定实践成果，但企业之间发展水平有较大差距，整体水平亟待提高。通过对比分析不同企业的指标表现，可以得出如下结论与发现。

9.1 提高创新能力，是企业转型升级、高质量发展的必由之路

创新是第一动力，企业可持续发展离不开创新。分析表明：

第一，企业已经成为国家创新投入主体。国家统计局数据显示，2017 年中国企业研发经费比上年增长 13.1%，占全社会总投入的 78%。根据对测算企业的不完全统计，2017 年的研发投入总额为 16640 亿元，平均每家企业研发投入 25.3 亿元。总体来看，研发投入较高的企业，可持续发展指数表现更优，企业创新发展成果更突出。

第二，传统制造业需要大力提升科技创新能力。分析表明，行业属性

对研发投入强度及创新能力影响显著。例如，从研发投入强度来看，信息技术业、机械设备制造业、汽车行业分别为 8.36%、5.30%、3.64%；能源化工业仅为 1.85%（见图 9–1）；能源资源依赖度、产品特征、产品寿命周期等是行业属性显著差异的主要原因。我国传统制造业与美国、日本、欧盟的制造业相比，在基础研究、研发投入、技术储备及成果转化方面仍然较弱。

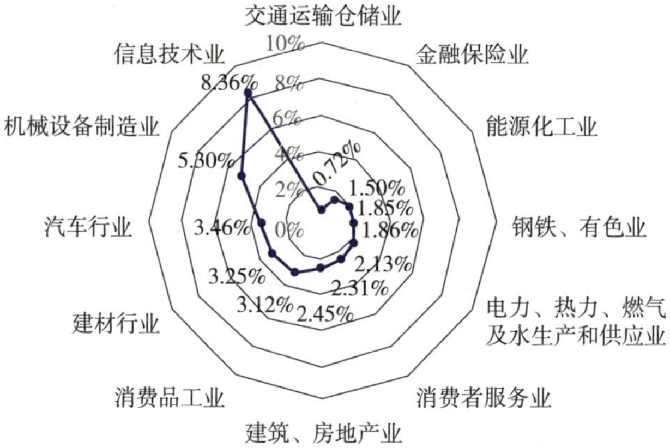

图 9–1　不同行业企业的研发投入占营业收入比例情况

第三，多数企业虽建立了质量控制体系并通过认证，但产品质量提升效果不佳。一方面，“产品质量控制”指标表现较好，测算企业得分率达 86.6%，其中九成企业均建立了较为严格的质量控制体系或质量管理体系，并通过了权威的第三方机构认证。另一方面，产品质量提升的落实与效果有待提高，“质量提升”指标得分率仅为 49.1%。分析表明，产品质量控制体系建设还没有充分传递和体现在产品质量的提升上，质量制度建设、认证达标与产品质量“两张皮”的现象比较突出（见图 9–2）。

综上所述，中国企业在研发投入、科技创新、质量提升方面仍有明显短板，急需强化，以实现高质量、高效益发展。

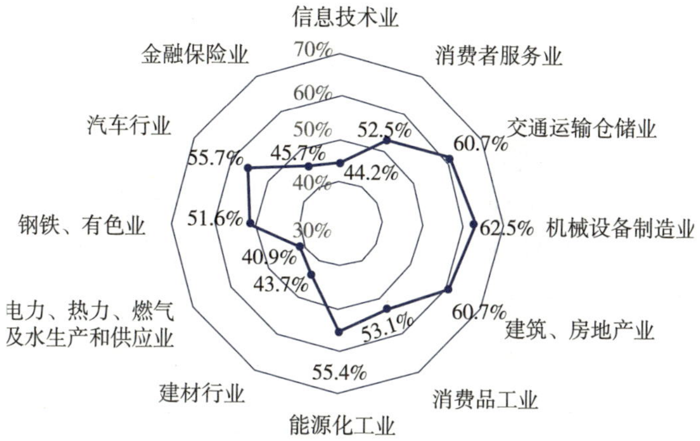

图 9–2 不同行业企业“质量提升”表现

9.2 人才是企业竞争力的核心要素，人才为本是企业健康发展的重要内涵

员工是企业的核心资源之一，重视员工、人才培养是优秀企业可持续发展的强有力支撑，是可持续发展的基础。

数据分析发现，在员工发展的保障制度建设上，企业普遍建立了培训体系，但部分企业的员工激励机制建设仍有滞后甚至缺失。一方面，全样本企业中，95.2% 的企业披露了明确且具体的培训制度或培训政策；另一方面，仍有 41.1% 的企业尚未建立明确、透明、具体的人才晋升政策和选拔用人机制。企业要更加重视人才培训、培养，重视员工职业发展，通过打造人才高地，激发员工热情与活力，弘扬工匠精神，有效提升企业综合竞争力（见图 9–3）。

党的十八大以来，习近平总书记高度重视人才问题和人才工作，多次强调“人才资源是第一资源”的观点。落实“人才强企”战略，特别要坚持以人为本，注重员工与企业共享发展成果，构建和谐劳动关系，不断提升员工的获得感。

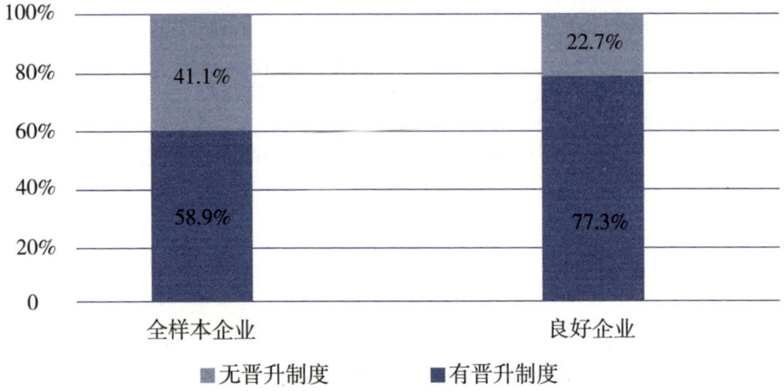

图 9–3　测算企业的员工晋升机制情况

9.3　品牌是企业高质量发展的名片，是基业长青的体现

品牌是企业最有价值的无形资产之一，是企业乃至国家竞争力的综合体现。品牌是世界各国交流的语言，是世界经济强国竞相抢占的制高点。2014 年，习近平总书记在河南考察时提出“中国产品向中国品牌转变”。2016 年，国务院提出设立“中国品牌日”，大力宣传知名自主品牌，讲好中国品牌故事，提高自主品牌影响力和认知度。自 2017 年起，每年的 5 月 10 日被定为“中国品牌日”。

分析表明，良好企业对品牌建设的重视程度较高，“品牌建设”指标得分率达 88.5%，领先企业在打造品牌效益、发挥品牌引领作用方面的作用不可替代。同时也应该看到，全样本企业“品牌建设”指标得分率仅为 64.9%，处在“合格”的边缘，说明大部分企业对品牌理念、品牌形象的重视程度，对品牌与企业价值之间的内生关系仍然不清晰、不明确，品牌建设内生动力依然不足。

企业要实现基业长青、建设世界一流，必须高度重视企业品牌建设与发展。企业要将品牌意识、品牌建设主动融入企业发展战略，提升企业生产经营中的品牌议价能力。通过质量过硬、美誉度高的强势品牌建设，塑造和熔铸企业综合竞争力，使品牌成为企业一张亮丽的名片。

9.4 在适应政府规制和监管的同时，企业必须增强可持续发展的内生动力

测算结果表明，企业外部强制约束指标表现较好，内部自主约束指标表现较差。分析表明，全样本企业在“依法纳税”“反商业贿赂”“安全生产”“职业健康”等指标上表现较好，得分率平均在98%以上，有些指标甚至达到100%；“就业政策落实”“投资者关系”等指标得分率平均在90%以上，充分说明企业能够按照政府要求，做到合规守法经营。同时也要看到，企业在“终端回收”“生物多样性保护”“循环利用”“绿色消费”等指标上的得分率仅分别为12.6%、11.6%、30.6%、16.5%，反映了企业对政府无明确要求或仅作指导性安排的指标重视程度不够，企业主动作为的实践成果不佳。

对于政府刚性要求的规制或法律，企业普遍重视并遵守，而对政府无强制约束的方面则往往忽视，造成“刚性重视，软性忽视”。这表明，部分企业还没有将可持续发展理念上升和内化为企业文化的一部分，依然视其为可有可无。传统基于绩效的管理，容易导致企业更关注短期目标，忽视企业的持久稳定性与长期发展。管理实践表明，对一个有明确可持续的发展理念、战略与实践路径的企业来说，往往是那些无法被明确量化的、组织内部的因素对企业的可持续发展起决定性作用，如雇员对企业的情感、顾客对企业的信任、内部应对不确定环境的能力等。这种独有的能力已经沉淀成为不可复制的企业文化，对企业长远发展具有重要意义。可持

续发展文化是企业的软实力，其动力来自企业自身，属于企业内生动力，直接反映企业主观能动性与真实能力。这些方面是发达国家企业普遍关注的领域，需要引起我国企业的高度重视。

9.5 实施产品全生命周期管理，是可持续发展的重要组成部分

要从根本上提高全社会的资源利用效率，降低对环境的影响与破坏程度，优化整体效益，企业必须强化和内化产品全生命周期理念，从可持续发展的角度全面审视生产、经营、消费过程中对环境、资源的影响，将可持续的强制性外部约束与可持续的自主内生发展相融合，实现生态文明与企业效益的和谐共存，以谋求企业的高质量发展。

数据表明，无论是良好企业，还是全样本企业，在“环境友好型产品”“循环利用协同处理”“终端回收体系”“绿色采购”“绿色消费倡导”5项指标方面，总体都表现不佳，基本上处于需要改进的区域（见图 9-4）。

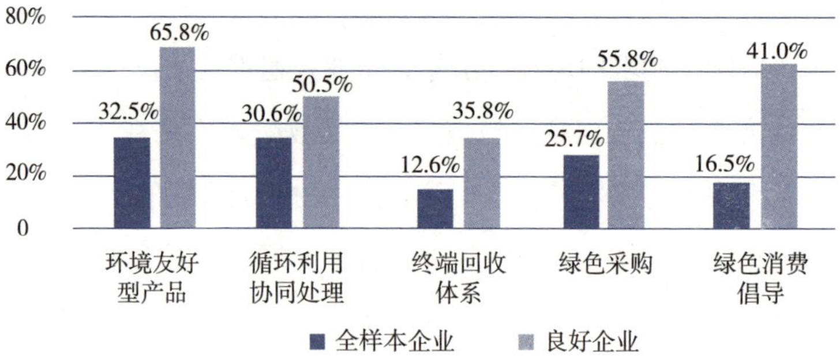

图 9-4 产品全生命周期的可持续发展表现对比

企业应努力提高自身技术水平，学习外部先进经验与做法，主动循环利用有限的资源，积极提升废弃资源利用效率，不断提升环境绩效成果。

领先企业要先行先试，通过制定行业或企业标准、技术导则、创新范例等形式，带动行业标准的提高，有效推动全行业废弃物资的减量化和再利用，并认真落实到企业生产运营的全流程、全过程。同时，要与上下游企业共同携手打造环境友好、资源节约的绿色、可持续发展的产业生态圈。领先企业必须要发挥强有力的引领作用，为中国经济的高质量发展作出应有的努力。

9.6 企业亟须强化风险防控意识，提高风险管理能力

风险防控能力是企业可持续发展的重要保障。数据分析发现，虽然 95.2% 的测算企业建立了风险管理体系等制度，但仅有 43.3% 的企业有风险识别与防控措施，而定期出具风险状况评估报告的企业只有 16.2%。分析表明，部分企业对风险控制体系建设重视不够，在知识产权保护、质量控制、环境污染防治、安全生产、腐败与商业贿赂、诚信经营、专利保护、商业秘密保护等方面的负面事件时有发生，给企业乃至国家造成重大损失。虽然全样本企业在评价期内没有发生重大工程质量问题、重大环境事件、重大或特大安全事故，但是近年多地均有重大工程质量问题、环境问题、安全事故，不仅严重影响了企业的声誉与信用，威胁企业稳定运营，更对人民生命和财产安全造成了极其恶劣的后果（见图 9–5）。

因此，企业要高度重视可持续发展中的实质性议题，识别企业实质性重大风险并及时作出战略调整，设定关键目标，采取有效风险控制措施，切实加强风险防控制度或措施的执行与监督力度，将风险管理细化到每个单元，及时梳理、及时排查、及时解决，坚决做到预防为主，抵制“凑合、差不多”的惰性思想，努力实践国务院提出的防范风险要求，力争实现“零风险”的风险管理终极目标。

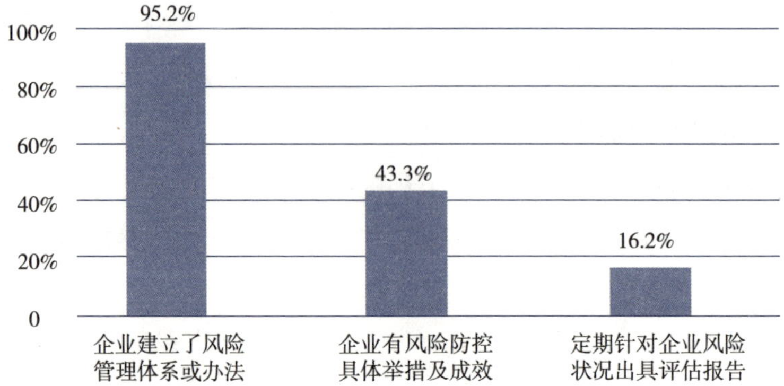

图 9–5　企业的风险评估及防控情况

9.7　企业需强化信息披露，做到阳光、透明、守信

数据分析表明，“环境信息公开”和“资源信息公开”指标得分率仅为 47.1% 和 41.5%，说明企业对环境、资源等信息的披露明显不足。企业不仅选择性披露环境信息，而且不能保证披露信息的真实性、准确性和一致性。企业披露关键信息时，不能“走过场”，要有责任意识，要有担当精神。近些年，国家陆续出台了有关环境信息披露的指引和办法，规制约束趋严；同时，“绿色投资”兴起，资本市场越发重视环境、资源等方面的潜在风险，高度关注信息披露。政策环境与市场环境严格约束与引导企业的环境信息披露，强制环境信息披露已成大势所趋。

外部监管对企业环境信息披露具有显著影响。要求越严格，披露就越充分。分析表明，在港交所上市的内地企业的环境维度指标得分率高于上交所、深交所上市企业，主要原因之一在于 2017 年港交所《环境、社会及管治报告指引》中明确要求，上市公司环境信息披露严格执行“不遵守就解释”的规定，促使企业的 ESG 管理和信息披露有所强化，在满足监管方要求的同时，强化了企业自身的可持续发展能力建设（见图 9–6）。

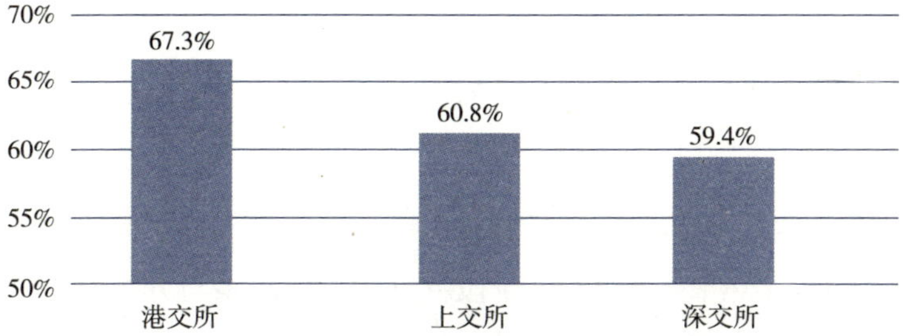

图 9-6　上市公司的环境维度表现

我国重视上市公司环境信息披露制度建设，已提出“三步走”要求（见表 9-1）。企业应当未雨绸缪，高度重视并主动加强企业在环境、资源等方面的管理和信息披露水平，实现企业能源、水资源消耗信息，污染排放信息，环境违法违规信息，绿色项目融资信息等环境相关信息的准确、及时与全覆盖。

表 9-1　上市公司环境信息披露制度“三步走”进度要求

“三步走”进度	具体要求
2017 年 12 月前	证监会修订上市公司定期报告内容与格式准则，对属环保部门公布的重点排污单位的上市公司，要求披露环境信息
2018 年 12 月前	证监会修订上市公司定期报告内容与格式准则，强制要求属于环保部门公布的重点排污单位的公司及其子公司在年报、半年报中披露环境信息，其他上市公司“不披露就解释”
2020 年 12 月前	证监会适时修订上市公司定期报告内容与格式准则，强制要求所有上市公司披露环境信息

资料来源：生态环境部环境规划院。

9.8 中国企业可持续发展指数及数据平台，是服务、引导、促进企业可持续发展的重要工具

中国企业可持续发展指数及数据平台是国内首个企业层面、自主研究开发、具有中国经济和企业发展阶段特点的指标体系与方法论。该指标体系依托自主搭建的中国企业可持续发展数据平台，实时采集与企业可持续发展相关的动态及静态数据，并以可视化的方式呈现动态变化，将企业整体水平进行横向比较，能够帮助企业深化可持续发展理念、探索适合企业特点的可持续发展路径、设定阶段性实施目标。

中国企业可持续发展数据平台是实现中国式管理研究的基础数据平台，是中国企业用国际通用语言与国际领先企业的交流沟通平台，是中国企业相互学习、融合提炼、共同发展的学习创新平台，是中国企业可持续发展现状的权威发布平台，是为政府制定有关政策法规提供支撑的政策服务平台。

通过对企业相关数据的深度分析，可以形成对我国企业可持续发展现状的较为清晰、全面、审慎的判断。可持续发展指标体系与年度报告，对政府出台有针对性的引导与监督政策，企业学习、对标及转变发展方式，社会把握中国经济的可持续发展方向、全面认识企业形象与行为都具有较强的现实意义。

SUSTAINABILITY INDEX

优秀企业案例解读

10 中国宝武可持续发展案例

10.1 中国宝武简介

中国宝武钢铁集团有限公司（以下简称“中国宝武”）由原宝钢集团有限公司（以下简称“宝钢股份”）和武汉钢铁（集团）公司联合重组而成，于2016年12月1日揭牌成立。中国宝武注册资本527.9亿元，资产规模7395亿元，产能规模7000万吨，位居中国第一、全球第二，是国有资本投资公司试点企业，位列《财富》世界500强第162。

中国宝武以“成为全球钢铁业引领者”为愿景，以“共建高质量钢铁生态圈”为使命，以“诚信、创新、协同、共享”为价值观，致力于通过改革和发展，构建在钢铁生产、绿色发展、智能制造、服务转型、效益优异五方面的引领优势，打造以绿色精品智慧的钢铁制造业为基础，新材料产业、贸易物流业、工业服务业、城市服务业、产业金融业等相关产业协同发展的“一基五元”产业格局，形成若干个千亿级营收、百亿级利润的支柱产业和一批百亿级营收、十亿级利润的优秀企业，2025年钢铁板块实现“亿吨宝武”，2035年集团公司实现“万亿营收”。

2018年，中国宝武充分抓住市场环境改善的机遇，加大改革创新和转型发展力度，进一步深化整合融合，发挥协同效应，实现高质量发展，继续保持行业领先地位。集团公司抓住钢铁市场前三个季度保持景气运行的有利时机，充分发挥高端产品优势，继续扎实推进降本增效工作，进一步加强内部整合效益，推进重点亏损单元的扭亏脱困，经营业绩保持稳定增长，实现钢产量6725万吨，营业总收入4386.2亿元，利润总额338.37亿元（见表10–1）。

表10–1　2018年中国宝武各产业板块经营情况　　单位：亿元

产业板块	营业收入	利润总额
钢铁产业	3712.5	301.14
新材料产业	185.16	–1.61
贸易物流业	598.57	3.66
工业服务业	222.78	17.27
城市服务业	221.06	–3.33
产业金融业	46.71	21.98

10.2　中国宝武可持续发展工作实践与成效

中国宝武所属钢铁企业大都处于省会城市或沿江、沿海重要城市，由于“高消耗、高排放”的行业属性，不仅面临巨大的污染减排压力，还面临能源消费强度和总量“双控”及控煤约束，更面临与城市产业发展结构的冲突。如何实现钢厂与城市的和谐发展，如何让节能减排投入转变为企业竞争力，成为城市钢铁企业必须回答的问题，也是中国宝武实现可持续发展必须回答的问题。

“绿水青山就是金山银山”，中国宝武以中央企业的历史使命与责任担当，贯彻、落实习近平同志关于“坚持新发展理念、推动高质量发展”的重要指示精神，提高认识，以“减量、增效、调整、发展”为目标深入推进产业转型升级，以“绿色制造、绿色产品、绿色产业”三大任务为核心认真践行环境经营战略，探索出一条城市钢厂的绿色发展道路。

10.2.1 始终坚持成为中国钢铁行业绿色发展的引领者

宝钢股份是改革开放的产物，它的建设有力地促进了中国钢铁行业的整体技术进步与快速发展。建厂 30 多年，在各级领导与宝钢人共同的努力下，宝钢股份已成为中国钢铁行业先进生产力的代表，引领中国钢铁工业发展的方向。宝钢股份的建设缩短了中国钢铁工业与世界先进水平的距离，所应用的部分工艺技术已达到或代表世界先进水平，为中国钢铁工业由大到强作出了努力。

宝钢股份一贯关注绿色发展，重视资源高效利用。自建厂以来坚持重视保护环境、节能降耗，推进资源循环利用，引进、建设、开发设计了一流的节能减排技术与装置。优良的节能减排业绩使宝钢股份成为唯一获得“国家环境友好企业”和首批获得钢铁行业协会“清洁生产环境友好”称号的钢铁企业。

宝钢股份以体系管理为手段，确保了能源环保管理的科学、合理、先进。在国内钢铁业率先通过环境管理体系、能源管理体系认证审核。研究、建立的“三流一态”[①] 能源管理体系荣获全国现代化管理成果一等奖，并编制了国家钢铁企业能源管理体系标准。

宝钢股份坚持能源环保信息公开，接受社会监督，体现社会责任。2003 年宝钢股份在国内钢铁业发布首份《环境报告》，2005 年又首家发布《可持续发展报告》，2007 年起宝钢股份同时发布《社会责任报告》。

中国宝武成立以后，在保持各上市公司按相关交易所要求继续发布《可持续报告》或其他类似报告的基础上，集团公司整合各下属子公司对外发布的相关报告，每年组织编写并发布集团公司的《社会责任报告》。相关报告的发布，提高了公司整体的社会影响力，也引导了一大批国内企

① “三流一态”：制造流、能源流、价值流、设备运行状态。

业公开环境等信息，向公众发布相关报告。

2009 年，集团公司提出“环境经营”战略，明确“绿色制造、绿色产品、绿色产业”三大任务。环境经营是指把生态文明理念融入企业生产、经营、管理全过程，使生态文明建设和企业生产、经营、管理活动融为一体，促进企业与相关产业链实现绿色发展、可持续发展。

10.2.2　始终坚持技术进步是做好节能减排工作的最重要保障

中国宝武一贯重视绿色制造，每年投入数十亿元实施节能减排项目，深挖节能低碳潜力。

（1）瞄准世界钢铁行业发展趋势，加快先进节能低碳技术应用

中国宝武跟踪世界钢铁业节能技术的深化发展，在节能减排高起点建设的基础上，结合主体生产设备大修，积极推广应用成熟、高效的节能减排工艺技术与装备，如能源中心改造、高温高压干熄焦替代中压干熄焦、干式 TRT 替代湿式 TRT、电炉余热回收、工业加热炉窑烟气余热回收等。

建设之初，宝钢股份就采用能源集中管理、大规模计算机控制、能源经济调配运行等现代化、信息化管理技术手段，建立了一套以模拟仪表为主、以“自上而下”多级递阶管理模式为主的能源中心。后经过宝钢二期、三期及国家“十五”“十一五”“十二五”规划期的不断升级改造，宝钢能源中心在系统性能和功能扩展上均获得了很大程度的完善与提高。宝钢股份在能源集中管理上已经形成了较为完整的思路，在能源中心的建设和扩容改造过程中积累了丰富的经验，相关技术与管理成果已向国内外钢铁企业大量推广应用。目前，中国宝武正在按照集能源、环保、固废管理为一体的目标逐步完善能源环保信息化管理系统。

（2）加大科技研发力度，引领钢铁行业节能技术潮流

中国宝武以问题为导向，研究开发了一系列具有自主知识产权的节能减排关键技术，如烧结低温余热发电、焦炉荒煤气显热回收、烧结矿竖炉余热回收等；并积极探索全氧高炉冶炼、非高炉冶炼、高炉应用天然气、高炉煤气深度利用等前沿技术，开拓钢铁行业的节能减排新途径。

宝钢股份“钢铁企业副产煤气利用与减排综合技术”获2008年度国家科技进步奖二等奖；“一种安全环保资源化的炼钢熔渣粒化新技术”（宝钢BSSF滚筒渣处理设备技术）获国家技术发明二等奖，并先后在国内外大中型钢铁企业得到应用；“高效节能环保烧结技术及装备的研发与应用”获2017年度国家科技进步二等奖，其生产效率、能耗、环保等指标全面优于国外先进水平，已推广应用到国内外近百个烧结工程项目，国内500平方米以上烧结工程市场占有率超过70%；2017年10月建成的“烧结MW级ORC低温余热发电机组”是首个兆瓦级、国内单机最大的有机朗肯循环（ORC）工业余热发电机组。

（3）深挖节能减排潜力，多渠道实施节能减排工程项目

一是系统思考、全局优化，提高能效、降低成本。通过能源中心对用电系统、煤气系统、蒸汽系统的优化运行与控制，各系统之间的相互支撑和配合，加大副产煤气的回收利用，提升副产煤气利用价值；对电力系统深入挖潜，开源节流，多发电、少消耗，降低全厂用电成本。二是建立专业节能团队，开展专项节能项目。实施如“高效炉窑”“能效电厂”专项节能规划，对小、散、多的共性节能技术，依托专项规划强势推进共性节能技术应用，积小胜为大胜，实现效益最大化。宝钢股份“高效炉窑”共计30个子项目、“能效电厂”共计44个子项目，总投资48878万元，实现年节能5.14万吨标准煤、年效益18861万元。三是加大淘汰落后力度。每年按计划逐步淘汰高耗能机电设备，确保生产工艺、技术装备的先进性。四是充分利用合同能源管理政策，与供应商风险共担、利益共享，有效推

进节能项目实施。

随着生态文明建设工作的深入推进，中国宝武所属各钢铁企业都加大环保投入，全面推进“废气超低排、固废不出厂、废水零排放”改造。目前，料场封闭、自备电厂与烧结机烟气等大气污染治理和“固废不出厂”已经取得突破性成效，“废水零排放”由技术突破进入试点示范。所属湛江钢铁建设了2套海水淡化装置，使吨钢耗新水降低至1.18立方米，处于行业领先水平。

（4）致力生态产品开发，引领产业链绿色发展，助力社会节能低碳

中国宝武在国内钢铁行业率先倡导绿色采购，发布绿色采购指南，引导供应商积极推进环保管理体系认证、促进绿色发展；作为国内首家钢铁行业企业开展并不断深化绿色营销工作，坚持可持续的客户服务理念，制定基于客户需求的解决方案，为客户提供更高性能的材料和个性化的服务，满足用户特殊需求，感动用户。

中国宝武以全生命周期评价（LCA）方法开展生态产品设计与工艺选择，贴近用户需求，与汽车、家电、电机、变压器等制造企业联合开发长寿、高效、轻量化的绿色钢铁产品。通过对钢铁产品LCA的研究与标准建设，建立了完善的宝钢钢铁产品生命周期评价方法学，建立了产品环境绩效指数（BPEI），包含碳钢、不锈钢、特钢共131个大类、35个具体牌号产品的环境绩效数据；建立了宝钢钢铁产品碳足迹计算模型和数据库；形成国家标准《钢铁产品生产生命周期评价技术规范（产品种类规则）》（GB/T 30052）。相关研究成果于2012年获国际钢协“Excellence in Life Cycle Assessment”大奖，课题“宝钢产品基于LCA的生产过程、环境友好的研究”获2017年国家冶金科学技术奖一等奖。

2018年，宝钢股份绿色产品销售量为1043.12万吨，实现年度目标的106.97%；其中，尖端型（BEST型）绿色产品销售量218.83万吨，优良型（BETTER型）绿色产品销售量824.29万吨。

（5）持续开展商业模式创新，积极利用钢厂资源，推进社会绿色低碳发展

中国宝武积极推进各子公司充分利用内部资源为所在城市的生态文明建设服务。目前，比较成功并有影响力的几个方面主要有：

① 向社区供热。利用钢厂低温余热生产热水，并向社区供应，助力城市淘汰小型燃油、燃煤锅炉。宝钢股份移动供热帮助宝山区 60 余家洗浴中心、宾馆和学校等完成 186 台油煤锅炉替代，降低各单位运营费用合计超过 1 亿元。八一钢铁利用钢厂蒸汽资源，为周边社区居民和单位的冬季取暖提供保障。

② 原水资源共享。宝钢股份升级宝山湖水库，扩容 150 万立方米，实现与市政供水资源共享，有效缓解了咸潮期市政陈行水库的原水供水压力，保证市民饮水水质。

③ 冶金渣新利用。开发高炉渣、钢渣等矿渣新产品替代水泥，参与海绵城市建设，提高资源利用价值。矿渣微粉替代水泥，可明显改善其综合性能；钢渣透水系列产品具有吸水、蓄水、渗水、净水等功能，可广泛应用于海绵城市建设。中国宝武在上海市、武汉市等城市的海绵城市建设、土壤修复等工程项目中已经有很多成功实施案例。另外，中国宝武利用冶金渣制造的含硅复混肥产品，在吉林、山东、江苏、安徽、湖南、湖北、广东等多个省份使用后，农作物的产量及品质均有提高，并且具有调节土壤 pH、钝化重金属等一般化肥产品不具有的土壤调理功能，可以长期改善土壤环境。

④ 助力“无废城市”。中国宝武各钢铁企业利用高温冶金炉窑消纳社会废油桶、废油漆桶、城市污泥、电厂除尘灰等城市危险废弃物。自 2015 年起，在上海市生态环境局的指导下，宝钢股份作为试点单位，先后承接了上海市 3.2 万吨废弃油漆涂料桶资源化处置利用试点工作。同时，宝钢股份还充分发挥现有焚烧炉富余生产能力，经上海市生态环境局批准，协

同处置市内其他单位产生的危险废物160余吨。目前，八一钢铁、韶关钢铁、鄂城钢铁、宝钢德盛等也都开展了相关工作。

10.2.3 始终坚持规划引领是各项目标举措落到实处的有力保障

2018年以前，中国宝武每三年编制一次环境经营规划，对未来六年（三年+三年）的节能减排、低碳发展工作作出系统安排，确保举措落实、目标完成。根据外部形势与上级监管部门要求，从2018年起，每年进行规划修编。

各子公司也相应编制环境经营规划（或绿色钢厂规划，城市钢厂规划，节能、环保、循环经济等专项规划）；中央研究院还牵头编制了“绿色宝钢少煤低碳清洁技术路线图（规划研究方向）”。

与此同时，中国宝武职能管理部门超前思考，开展相关课题研究，近几年完成的主要研究课题有：

（1）低碳发展路线图研究

2016年，宝钢集团对下属单位二氧化碳排放情况按国家标准进行排查，并完成“低碳发展路线图研究”课题。对近期、中期、远期二氧化碳排放，分保守、稳健、激进模式分别进行估算。建立了二氧化碳减排技术库，供公司领导与相关单位决策参考。

（2）中国宝武钢铁产业能源消费革命路线图研究

从生产结构、能源结构、工艺技术、能效提升等方面进行深入研究，提出中国宝武钢铁产业分阶段的能源消费总量目标及相应措施，指导中国宝武钢铁产业的规划布局，指导中国宝武节能低碳、绿色发展的规划编制。

（3）中国宝武绿色城市钢厂评价指标体系与建设方案研究

2019年，中国宝武以全新的高度再思考企业绿色发展，致力于重新定义“城市钢厂”，让钢厂成为城市的重要“器官”，提出按照“高于标准、优于城区、融入城市”的原则，以“废气超低排、废水零排放、固废不出厂”为抓手，开展“治气、治水、治固”的“三治”行动，优化能源消费结构，加强低碳工艺技术创新，从源头上实现减排，全面提升中国宝武生态环保的本质化水平，全方位开展“洁化、绿化、美化、文化”的“四化”行动，建设绿色城市钢厂。为此，在对集团公司钢铁企业绿色发展现状全方位调研的基础上，结合国家及地方在绿色发展方面的具体要求，开展“中国宝武绿色城市钢厂评价指标体系与建设方案研究”，凝练中国宝武“绿色城市钢厂”的具体内涵，构建引领性评价指标体系，研究制定中国宝武“绿色城市钢厂”建设方案，推动中国宝武钢铁联合企业产城融合，为全面构建中国宝武绿色城市钢厂工作体系奠定基础，为绿色城市发展助力，为行业树立标杆并引领世界钢铁业绿色发展。

10.2.4 坚定不移地将结构优化作为新时期节能低碳工作的重点

“十三五”以来，中国宝武以结构调整为重点不断深化节能减排工作，主要从产能结构、生产结构、能源结构等方面入手，不断优化，持续推进。中国宝武的联合重组，就是为了贯彻落实国家关于钢铁产业供给侧结构性改革的重大决定。与此同时，中国宝武分别与相关地方政府签订了产业调整与转型发展协议，结合资本投资模式，通过新建和并购重组逐步优化钢铁产业布局，建设短流程钢厂，努力建成与城市生态环境共融、共存的“亿吨宝武”。

（1）全面落实化解过剩产能政策

按照国务院国资委批复，近几年中国宝武合计化解过剩炼钢产能 1542 万吨，到 2018 年 2 月已全面完成现场验收工作。过剩产能的退出，有力地促进了节能减排工作。如 2012 年以来在上海地区共减少炼铁产能 593

万吨、炼钢产能 750 万吨，从而减少能源消耗 471 万吨标准煤、减少二氧化硫排放 2054 吨、减少化学需氧量排放 296 吨。

（2）优化生产结构，促进节能低碳深化

“十三五”以来，国家实行能源消费“双控”和煤炭消费总量控制政策，中国宝武坚决支持各地方政府的决策部署，通过加大废钢使用量、降低铁钢比、控制燃煤发电量、以商品焦（包括兰炭）代替原煤使用等一系列举措确保完成控能源消费总量、控煤炭消费总量、降低能源消费强度的目标任务。

（3）研究与应用钢铁短流程（欧冶炉）工程

经过八一钢铁多年来的探索实践，欧冶炉（由原宝钢股份罗泾厂的 COREX 炉搬迁改造升级而成）的工序能耗已经与八一钢铁现有的高炉工序能耗相当；同时，欧冶炉还具备了消纳一定量固体废弃物的能力，为建设城市钢厂奠定了基础。

（4）加大新能源与低碳能源的使用，逐步优化能源消费结构

中国宝武多个子公司充分利用厂房屋顶、料棚顶发展光伏发电项目，取得了很好的效果。目前，中国宝武光伏发电装机容量合计超过 130 兆瓦，每年光伏发电量达到 8000 余万千瓦时。特别是所属宝钢股份，建成了总规模达 75 兆瓦的世界最大单一屋顶光伏发电项目，成为行业典范。

持续提高天然气和外购电消费比例，加大煤炭替代工作，有效控制了煤炭消费总量。

10.2.5　坚持把管理体系建设作为做好节能低碳工作的重要基础

中国宝武把节能减排管理体系建设作为推进节能减排各项工作的重要基础。目前，中国宝武所有钢铁企业和多元产业重点工业企业均通过了环境管理体系认证和能源管理体系认证，并按规定定期开展监督性审核或再

认证审核，持续有效地推进环境管理体系运行。

在落实能源环保法人负责的管理责任方面，实行“党政同责”“一岗双责”，并通过签订年度《节能环保目标责任书》明确年度管理重点和考核指标，确保各项节能减排目标任务的严格落实。

中国宝武重视环保风险管理，持续开展环保自查自纠。为了进一步加强环保督察检查工作，2018 年组建了集团公司环境保护督查组，并制定印发《环境保护督查工作方案》，深入生产现场开展环保督察工作，确保各项环保工作合法合规、风险受控。

10.2.6 中国宝武可持续发展取得的成绩

“十一五”“十二五”期间，宝钢股份连续被国务院国资委评为“节能减排先进企业”，被国务院国资委授予第四任期“节能减排优秀企业”“2013—2015 年任期科技创新优秀企业”。

“十三五”以来，中国宝武进一步加强节能减排工作力度，各项工作有效推进、指标持续进步。2017 年，八一钢铁烧结工序被国家发展改革委等部门授予“能效领跑者”称号，湛江钢铁被国家发展改革委等部门授予重点用水企业“水效领跑者”称号，八一钢铁获得“水效领跑者入围企业”称号。2018 年，中国宝武圆满完成了国务院国资委第五任期（2016—2018 年）节能减排考核目标。

表 10–2　2018 年中国宝武节能减排工作情况

主要指标	2018 年实绩及同比进步情况	
	与 2015 年同比	与 2017 年同比
吨钢综合能耗	–3.6%	–2.3%
二氧化硫排放量	–22%	–3.5%
氮氧化物排放量	–24%	–10.0%
化学需氧量（COD）排放量	–18%	–2.9%

10.3 中国宝武可持续发展工作经验总结

一是要有超前的战略思维，要定期开展前瞻性研究，准确把握未来5年，甚至10年企业面临的外部环境和各种挑战，并提出可行的应对策略，从而确保在战略上始终领先竞争对手半步。二是要以始为终，目标导向，制定一个领先的顶层设计，做好规划计划工作，并在执行过程中不断完善。三是要有效管控风险，强化生态环保的红线意识，坚持底线思维，加强日常自查自纠，合理运用督查检查手段，把苗头性和倾向性问题消灭在萌芽状态。

企业可持续发展的内涵是非常丰富的，因时、因地、因企业性质等不同而异。因此，企业可持续发展永远在路上，必须坚持因地制宜、与时俱进，不断创新，促进企业绿色发展、可持续发展。

11 帝斯曼可持续发展案例

11.1 帝斯曼简介

荷兰皇家帝斯曼是1902年成立的荷兰国家煤矿公司。在一百余年的历史上，帝斯曼经历了几次重大的转型，从煤矿、大宗化学品、特殊化学品发展到生命科学和材料科学公司。跨越一个多世纪的成功转型、变革与发展，使帝斯曼进入一个新时代。

帝斯曼及其关联公司约2.3万名员工创造了约100亿欧元的年度销售额。公司在泛欧阿姆斯特丹交易所（Euronext Amsterdam）上市。帝斯曼连续三年上榜财富“改变世界50强”企业，连续十几年雄踞道琼斯可持续发展指数化工板块榜首，首席执行官谢白曼先生在2018年入选“50名世界杰出领袖”。

今天的荷兰皇家帝斯曼集团是一家以目标为导向，在全球范围内活跃于营养、健康和绿色生活的全球科学公司，致力于以缤纷科技开创美好生活。为应对世界诸多严峻挑战，帝斯曼打造创新产品和解决方案，同时为客户、员工、股东和全社会的所有利益相关方创造经济、环境和社会价值。帝斯曼为人类营养、动物营养、个人护理与香原料、医疗设备、绿色产品与应用以及新型移动性与连接性领域提供创新业务解决方案。

帝斯曼早在1963年开始对华贸易，并于20世纪90年代初在中国建立了首个销售代表处和首个生产场地。帝斯曼中国地区总部和研发中心位于上海。目前，公司在中国拥有包括 25 个生产场地在内的 49 个分支机构，员工约 4900 名。帝斯曼在华业务健康稳步增长，2018 年中国销售额为 90 亿元。帝斯曼连续荣登“中国最受尊敬企业”榜单，帝斯曼中国的多个生产场地被认定为高新技术企业，并成为当地环保和安全生产的先进企业。

11.2　帝斯曼的可持续发展：责任成为业务驱动力

帝斯曼始终对安全、健康和环保保持高度重视和承诺。从煤矿运营而来的高安全标准被后来的化工业务完全继承了下来，并且公司一直致力于不断提高安全标准。安全，在帝斯曼占绝对的优先位置。

帝斯曼是第一批开始关注环境和健康问题的企业之一。由于其采矿和化工生产活动都在荷兰内陆进行，废水处理成为其运营的重要工作。经过多年的发展，帝斯曼已成为全球废水处理的专家之一。

帝斯曼是全球化工行业的责任关怀项目重要成员，表达了为创造无伤害、无事故的工作环境，与利益相关方公开透明地沟通的强烈意愿，并作出承诺。

帝斯曼设有专门的可持续发展组织和管理部门。帝斯曼在中国设立了可持续发展和运营及责任关怀部门，负责管理公司所有安全健康环境事务，而且各个场地设有可持续发展和安全健康环境经理，为场地经理（中层领导）提供支持。帝斯曼的安全健康环境平台由所有场地的安全健康环境经理组成，在安全健康环境行为规范和沟通方面发挥重大作用。帝斯曼中国的公司运营及责任关怀部门下设“中国制造委员会”，该委员会由场地经理组成，职责是共同促进和改进帝斯曼制造流程的可持续发展绩效。

帝斯曼在中国有专人负责可持续发展工作，致力于提高公司内部的可持续发展意识，形成可持续发展作为业务增长引擎的共识，同时总结公司各业务部门在工作中的优秀可持续发展案例进行分享。与外部利益相关方一起交流和沟通可持续发展的实践和行动，在一些具体项目上进行合作。

帝斯曼编写可持续发展年度报告。在全球范围内，帝斯曼多年来定期发布可持续发展进展报告。在中国，帝斯曼于 2008 年发布了第一份地区性可持续发展报告。作为帝斯曼全球可持续发展报告的补充，该报告集中关注帝斯曼在中国的可持续发展进程。此后，帝斯曼中国每年发布一份可持续发展报告，向中国客户、供应商、员工、媒体和政府等全体利益相关方报告帝斯曼在“人、地球和利润”方面的发展情况。为符合全球将年度财务报告和可持续发展报告整合的趋势，2011 年帝斯曼开始发布中国可持续发展及财务综合报告。2018 年是帝斯曼中国连续第十年发布经济、社会和环境的综合表现报告。

经过不断努力，帝斯曼在可持续发展方面翻开了新的篇章。公司将应对全球挑战，如气候变化、能源危机和世界老龄化人口的营养及健康需求，并为之提供解决方案作为发展战略。可持续发展成为公司的业务驱动力，帝斯曼的可持续发展业绩和领先地位逐渐得到认可。2017 年，道琼斯可持续发展世界指数连续 14 年将帝斯曼命名为行业领导者，并在 2018 年继续保持 RobecoSAM 黄金级领袖地位；全球仅 28 家企业在气候和水资源方面被非营利全球环境信息披露平台 CDP 评为 A 级，帝斯曼名列其中；同时，帝斯曼被 Sustainalytics 评为化学品行业的 ESG（环境、社会和治理）领导者，在入榜的 130 家企业中排名第一。

11.2.1 开发新型环保材料，助力产业绿色升级

面对生态环境的多种多样的挑战，帝斯曼把挑战当机遇，通过“生态 +”产品与“人 +”战略的结合，为所有利益相关者创造共享价值，为世界贡献解决方案和创新发展方式。

针对油漆行业一直以来存在的涂料污染问题，帝斯曼充分发挥自身的

业务专长与经验优势，在替代材料的应用与研发创新方面投入大量的资金、人力，为客户提供环保性能卓越的新型水性涂料，在减少材料对人体危害、提升行业综合价值、促进产业升级方面，研发出了一系列新产品，作出重大贡献。

2009 年，帝斯曼携手中外 10 余家企业积极发起、参与水性平台（WBCP）建设，成员涵盖涂料原材料企业、涂料企业、设备商和涂料研究院。作为理事长单位之一，帝斯曼长期通过跨界合作与努力，加快了国内工业涂料市场由传统的溶剂型产品向水性产品转变的步伐。

水性平台积极组织水性技术论坛活动，分享最佳技术解决方案，为行业提供成熟的水性产品。在产业链推动方面，水性论坛已经连续 5 年在各地举办全行业的水性论坛，如家具行业水性论坛、水性交通工具涂料涂装论坛、电子产品设计与环保涂料论坛等，促进了表面涂装行业的水性技术的推广；同时，与政府沟通有关环保政策法规，推动并参与水性涂料标准的制定，包括《水性涂料用分散剂》《汽车塑料件用水性涂料》《轨道交通车辆用水性涂料》等。自 2012 年起，帝斯曼启动儿童家具设计大赛，成功向整个家具链传递水性理念，先后印发和推广了《儿童家具选购指南》和《环保家具消费者选购科普》。同时，帝斯曼积极推动水性树脂涂料在其他行业、企业中的运用。据统计，整个中国集装箱行业平均年产量达 250 万 TEU，由涂料产生的挥发性有机化合物（VOC）排放可达 14 万吨 / 年。对此，帝斯曼联手水性平台，通过与集装箱涂料供应商、集装箱制造商和政府主管部门等各个相关方的沟通，经过多年的不懈努力，推动中国的集装箱制造商全面使用水性涂料。集装箱行业全面的“油转水”行动让该行业的涂料年均挥发性有机化合物排放，从 14 万吨降低 1.2 万吨。在中国生产的每 10 个 TEU 集装箱里，有 8 个使用帝斯曼的水性树脂涂料。

帝斯曼水性树脂涂料解决方案促进了家具行业的节能减排。昆山市白玉兰家具有限公司的厨房家具采用水性涂料代替溶剂型涂料。通过帝斯曼的生命周期评估，昆山市白玉兰家具认定水性涂料在很多方面都比溶剂型涂料更环保。白玉兰家具的表面应用水性涂料在碳排放、生态足迹、主要能源消耗、有机化合物排放方面对环境的影响均大大降低。此外，改用水性涂料也能通过降低火灾风险和减少溶剂接触来提高工作效率，改善油漆工人的工作环境。自此，由于水性涂料的应用，昆山市白玉兰家具成为中国家具行业的可持续发展先锋企业。

帝斯曼和中国专业生产环保油漆及涂料的生产商中国晨阳，在北京鸟巢发布了进一步深化双方合作以促进中国市场可持续性涂料解决方案的计划，通过与中国晨阳合作，在中国市场推出了第一款帝安瑞水性植物基高性能涂料树脂。

因为帝安瑞树脂原材料全部来源于植物，被称为“植物基”。将植物基原料转换为大量的生物结构单元，聚合成为高性能植物基单体聚合物，进而可以合成为帝安瑞树脂。最大限度地使用天然、低毒性原料，减少涂料对人类健康的影响；使用可再生的植物资源代替原有涂料中的石油资源，从涂料源头降低碳足迹。水性植物基树脂具有极强的抗污性、抗划伤性，耐用，并且可以提供完美的表面和平滑的触感，可以为涂料生产合作伙伴生产最高等级的涂料。

帝斯曼通过实施植物基解决方案，进一步提高了中国涂料市场的可持续性，为中国涂料市场的可持续发展作出了巨大贡献。

11.2.2 支持中国啤酒行业减少碳足迹

2015 年，帝斯曼食品配料与中国最大的啤酒制造商华润雪花啤酒公司共同发起一个碳足迹项目，在啤酒生产过程中减少二氧化碳排放量。该项目的目标包括了解啤酒价值链中的碳足迹、建立华润雪花啤酒碳管理制度并实现精简生产。根据生命周期评价，覆盖从原材料投入到产品输出的啤酒生产全生命周期，确认华润雪花啤酒节约能源和减少碳排放的关键领域。2017 年，经各个合作伙伴努力，开发了排放量计算方法和模板，并进一步推广到包装和物流等其他领域。

帝斯曼致力于推广节能的生产方法，促进整个啤酒行业的可持续发展。2016 年 10 月，在第十二届中国国际酒、饮料制造技术及设备展览会期间，帝斯曼食品配料邀请啤酒业的主要客户参加主题为“帝斯曼生物技术促进中国啤酒行业可持续发展”的研讨会。帝斯曼的专家介绍了帝斯曼的碳足迹计算概念，推动研讨会参与者所在行业的可持续发展的应用。

11.3 经验总结

11.3.1 清晰的公司战略引领

2018 年 6 月，公司对外发布，公司战略更新为：“增长与价值—目标导向，绩效驱动”（Growth & Value-Purpose Led，Performance Driven）。

公司认识到，在未来几十年中，可持续发展将是决定企业竞争胜负的关键因素，也是重要的价值驱动因素。在环境保护方面，树立“生态 +”的战略概念，旨在促进可持续创新产品和解决方案的开发，实现生态效益；在产品生命周期的任何阶段，从原材料、生产到使用或重新使用，直到最终处置，都能创造生态效益。

凭借公司独特的科学专长，帝斯曼希望能够积极捕捉全球大趋势和联合国可持续发展目标（SDGs）提供的增长机会，尤其是在营养与健康、气候与能源以及资源与循环三个方面。因此，帝斯曼将转变为一家专注于营养、健康和绿色生活的公司。

营养业务将专注人类营养（食品和饮料原料与解决方案，以及特定营养、营养原料、品牌产品和定制化营养）、动物营养（所有动物种类的预混料和专业解决方案）、个人护理及香原料。材料业务将进一步发展成为高增长、高利润的特种业务，专注于健康、生物 / 绿色应用以及新型移动性和连接性方面的应用。提高自身运营的影响力，为客户提供可持续的解决方案并倡导可持续业务，以实现更快的增长，并降低成本和风险。帝斯曼将进一步减少温室气体排放，提高能效和可再生能源利用率。

11.3.2 可持续发展愿景与战略

帝斯曼认为，可持续发展即表示在满足当代人需求的同时，不损害后代人满足自己的需求的能力。这也意味着要促进经济繁荣、提高环境质量、履行社会责任，同时实现“人、地球和利润”目标。公司所做的一切都源于可持续发展愿景，旨在应对全球主要挑战和趋势，并帮助顾客加以解决，奉行广为人知的“3P”概念：人（People）、地球（Planet）和利润（Profit）。

可持续发展是帝斯曼的核心价值观，把可持续发展融入所有的业务活动中，一方面是减少环境足迹应尽的责任，另一方面也能促使供应商、客户和合作伙伴同样担负起责任。

12 中国石化可持续发展案例

12.1 中国石化简介

中国石油化工股份有限公司（以下简称“中国石化”）由中国石油化工集团有限公司以独家发起方式于2000年2月25日设立。2000年10月，中国石化在境外发行167.8亿股，实现了中国香港、纽约、伦敦三地上市。2001年7月中国石化成功发行28亿股，在上交所上市，由此中国石化成为中国第一家在境内外四地上市的大型国有控股上市公司。中国石化是中国大型油气生产商，是中国最大的成品油供应商，炼油能力排名中国第一，乙烯生产能力排中国第一位，具有完善的化工产品营销网络。2018年，中国石化实现营业收入2.89万亿元，实现净利润802.89亿元，为社会提供1.98亿吨成品油、8660万吨化工产品，上缴税费3246亿元，宣派股息508.5亿元，捐赠支出1.8亿元，实现了企业与社会、环境的和谐共处、协调发展。

12.2 中国石化可持续发展实践和成效

中国石化上市承载着通过国际和国内资本市场的监督约束机制，促进国有企业转化经营机制、提高国际竞争力的使命。上市之际适逢联合国总部启动“全球契约”计划，号召全球企业遵守在人权、劳工标准、环境及反贪污方面的 10 项基本原则。公司于 2004 年正式申请加入联合国全球契约组织，承诺遵守 10 项基本原则，用国际共同价值标准和熟悉的语言与境外利益相关方沟通中国石化的发展实践。2011 年，公司将绿色发展战略纳入公司发展战略。2012 年，公司加入联合国全球契约领先企业，并于同年成立了董事会社会责任管理委员会，负责社会责任管理战略、规划和年度社会责任计划的审批等。公司深入思考可持续发展的内涵，自成立以来始终围绕经济、环境、社会维度开展业务，致力于在实现公司可持续发展的同时，贡献国家、回报股东、奉献社会、造福员工，助力社会实现可持续健康发展。

12.2.1 创新驱动，打造可持续发展引擎

创新是引领发展的第一动力，是建设现代化经济体系的战略支撑。我国倡导建立以企业为主体、市场为导向、产学研深度融合的技术创新体系，促进科技成果转化，并培养造就一大批具有国际水平的科技领军人才和高水平创新团队，这也与 2030 年可持续发展议程第 9 项目标“工业、创新和基础设施”高度契合。

中国石化始终将科技创新置于公司发展全局的核心位置，培育出一支实力雄厚、专业齐全的科研队伍，引领科技创新，服务于公司战略发展和社会进步。目前公司拥有 4 个国家重点实验室、5 个国家工程研究中心、2 个国家能源研发（实验）中心、2 个国家认定的企业技术中心、133 个国家级和公司级创新团队。公司已经形成了相对完备的油气勘探、石油炼制、石油化工、公用技术四大技术系列，总体达到世界先进水平，部分技术达到世界领先水平。形成了一大批拥有自主知识产权的基础技术和核心专利，累计申请专利技术位居全国第三，2018 年创历史新高；累计获得国家最高科学技术奖 1 项、国家技术发明奖 76 项（其中一等奖 3 项）、国家科技进步奖 373 项（其中特等奖 5 项、一等奖 42 项）。

12.2.2 绿色发展，保护碧水蓝天净土

作为国有控股特大型能源化工企业，中国石化深刻认识到，实现节约发展、清洁发展、低碳发展，不仅是提高企业经营发展效率的客观需要，更是必须切实履行好的政治责任和社会责任，不仅是企业当前谋求生存的迫切需要，还是实现未来发展的必然要求，绝不能以牺牲环境和生态为代价换取一时的效益增长。公司实施“绿色企业行动计划”，大力发展清洁能源产业，向“多元、低碳、集成”的能源化工产业结构转变，打造绿色低碳发展竞争新优势，推动企业高质量发展。公司明确提出：到 2023 年，将成为清洁能源和绿色产品的主要提供者，引领行业绿色发展，绿色低碳成为重要竞争力，迈上高质量发展阶段；到 2035 年，绿色生产体系全面建成，清洁能源、绿色产品的供给大幅提升，绿色低碳发展水平达到国际先进水平，助力我国生态环境根本好转和美丽中国目标实现；到 2050 年，绿色低碳发展水平达到国际领先水平，成为人与自然和谐发展的现代企业典范和生态文明建设标杆，为把我国建设成为富强民主文明和谐美丽的社会主义现代化强国保驾护航。

结合业务特点和肩负的使命，公司将提供更为清洁的能源、发展替代能源、减少污染物排放、节约能源等作为重点任务，为 2030 年可持续发展议程第 7 项目标“提供经济适用的清洁能源”、第 12 项目标“负责任的消费和生产”、第 13 项目标“气候行动”、第 14 项目标“水下生物”和第 15 项目标“陆地生物”贡献力量。

（1）奉献清洁能源，做绿色能源的提供者

公司大力推进天然气等清洁能源的开发利用，天然气、页岩气等实现大发展。加大研发投用攻坚力度，提前完成了不同阶段的成品油质量升级任务。积极推进生物航煤、生物柴油、光伏发电等替代能源发展。目前，下属公司镇海炼化已开工建设我国首套 10 万吨生物航煤商业生产装置，

试点为上海市交通系统及特定行业车辆加注生物柴油B5，实现了餐厨废油、植物油脂等的利用，为未来减少石油等化石燃料的使用做好了技术储备和能力建设。推进制氢、提纯和加氢等基础设施建设，已在广东省布局建设加油加氢充电示范站。2018年，中国石化加入国际氢能理事会，积极参与国际氢能标准制定与前沿技术研究。

（2）保护环境，做生态文明的建设者

公司于2012年发布了我国工业企业第一份《环境保护白皮书》；2013年启动了“碧水蓝天”专项治理行动，累计投入资金210亿元，完成了800多个环保治理项目，有效治理并削减了老旧装置的外排废水COD量、氨氮化物量以及外排废气二氧化硫和氮氧化物量，实现了环境治理能力的提升。2018年启动的“绿色企业行动计划”设定了未来5年4项主要污染物的减排目标，下属企业分别签订责任书，并将减排情况纳入年度考核指标。加强温室气体排放管理，应对气候变化，制定短期和中期减排目标和措施，积极使用低碳能源，推行天然气替代煤炭，积极利用地热、太阳能、余热和蒸汽，持续开展碳捕集和甲烷回收，为遏制全球气候变暖积极贡献力量。

（3）提升能效，做能源节约的践行者

公司始终坚持“开发与节约并举，节约优先”的方针，于2014年启动“能效提升”计划，计划到2025年之前能效大幅提升；公司计划到2023年节约标准煤600万吨，相当于减排二氧化碳1260万吨。公司重视水资源管理，加强废水循环利用和综合利用，推进使用市政中水、淡化海水代替淡水，制定了新鲜水用量逐年降低1%的目标，计划到2023年减少工业取水量4600万立方米，相当于节约4个西湖的水量。下属企业每年年底制定下一年能效提升目标；公司实行月报告、季通报和年考核制度，即每月报告能效提升计划项目实施情况、每季度通报企业的项目实施情况及存在的问题、年终按照《能源环境绩效考核实施细则》规定进行考核。

12.2.3 价值链合作共赢，共谋可持续发展之路

中国石化不仅向社会提供大量的石油化工产品，而且对社会相关资源的需求总量巨大，范围横跨第二、第三产业，覆盖全国 96 个行业类别中的 66 个、41 个工业大类中的 30 个。每个行业背后都有一条供应链支撑，每一个供应链条连接着成百上千个实体，构成了中国石化的产业生态网。中国石化处于生态网的中枢位置，与这些企业共同发展，打造命运共同体和利益共同体，是中国实体经济振兴的重要组成部分。同时，实现价值链的合作共赢也是 2030 年可持续发展议程第 17 项目标“加强多利益相关方的可持续发展伙伴关系”的本质追求。

（1）促进价值链诚信体系建设

公司联合信用认证机构、质量评价机构，遵照国际标准、国家标准、行业标准，运用大数据技术，聚焦法人信用认证、产品质量评价、履约动态考评和市场业绩表现，创新推出易派客关联方服务指数评价体系，旨在促进电商平台的各方持续提升服务水平，提高供给质量，全面营造公平公正、诚实守信的商业生态。优化供应商资格审查和履约动态考评机制，将质量保证、售后服务纳入考核标准，推进市场诚信体系建设。对于履约良好、信誉良好的供应商，公司与之签订战略合作协议，对于考评结果较差的供应商，实施降级处理，并沟通改进措施。在承包商管理中，公司建设工程招标投标监督管理平台，强化诚信体系考核，对违反规定的承包商根据严重程度分别给予限制投标、约谈、警告、列入黑名单等处罚。

（2）促进价值链安全环保管理能力提升

公司将供应商通过 ISO 14000 和 ISO 18000 体系认证情况、建立保障生产安全应急管理体系和劳动保护措施到位情况、对污染物排放和废弃物处置的管理等均纳入审查范围，并加大健康安全环境管理在现场审查中的评分比重。定期举办供应商培训，宣传贯彻环境保护、安全管理等方面的

要求。加强承包商安全、环境保护、职业健康的管理，对于发生较大及以上安全、环境责任事故的建设项目，采取“一票否决”制，所处阶段、年度绩效考核为零。

12.2.4 服务社会，为美好生活加油

中国石化坚持企业的发展惠及人民的理念，开展了一系列公益项目，参与消除贫困、提高人民健康生活水平以及优质教育等活动，服务所在地人民，为 2030 年可持续发展议程的第 1 项目标“消除贫穷”、第 2 项目标“消除饥饿”、第 3 项目标“保障良好的健康与福祉”以及第 4 项目标“优质教育”贡献力量。

（1）精准扶贫项目

作为扶贫工作的承担者，中国石化积极投身于 758 个县、村的扶贫工作，着重于基础设施建设、产业帮扶、支持教育、劳务培训、医疗健康等领域，帮助贫困地区的人民增强可持续发展能力。同时，公司借助遍布全国的 2 万多座易捷便利店的渠道优势，培育并拓展了青海、新疆、内蒙古等省区市的特色商品市场，带动了当地经济发展。公司帮扶的安徽岳西县、西藏班戈县已通过国家专项评估检查，正式“脱贫摘帽”。

（2）“健康快车”项目

公司自 2004 年起参与“健康快车”项目，为贫困白内障患者免费提供手术。“中国石化光明号”是现有的 4 列健康快车中，唯一一列完全由国内企业捐赠建造的，每年开进不同地区为当地贫困患者带去光明。同时，公司冠名建立 1 所显微眼科手术培训中心，捐建 20 所健康快车、中国石化白内障治疗中心，通过捐助医疗设备、培训医生等方式，长期为当地贫困患者提供服务。目前，“中国石化光明号”已累计为 4 万多名贫困患者实施复明手术，累计捐赠超过 1.54 亿元。

（3）“情暖驿站 满爱回家”项目

公司每年开展“情暖驿站 满爱回家”公益活动，为中国农历新年期间返乡的人民提供帮助。2018年，公司在广东、广西、江西等地区继续开展活动，5000多名志愿者在238座加油站，提供免费热水、热粥、药品及医疗服务等，共为返乡务工人员60万人次提供帮助。

（4）“环卫驿站”项目

公司在京津冀、长三角等13个省区市启动“环卫驿站”公益项目，以中国石化加油站为平台，为环卫工人提供纳凉、取暖、饮水等暖心服务，已累计为1.8万名环卫工人送去温暖。中国石化“环卫驿站”项目被全球契约中国网络评为“实现可持续发展目标2018中国企业最佳实践奖”。

（5）“三夏三秋 服务农业”项目

公司油品销售企业每年在“春耕”“三夏”“三秋”时期，在靠近乡镇、临近农村及沿线的加油站开展农民用油专供站活动，送油到田间地头，方便农民耕种，助力农业实现丰收。

12.2.5　加强沟通，建设透明企业

为了促进企业与当地社区的沟通和理解、建设和谐社会，中国石化从2012年起在全系统组织“开门开放办企业”活动。在此基础上，于2016年4月整合推出“中国石化公众开放日”大型品牌活动，至今已累计邀请社区居民、学生、媒体代表、政府官员等20万人次入厂参观。目前，中国石化50家所属企业在国内36个城市持续开展此项活动，在社会中广受好评，成为央企首个品牌化公众开放日活动、我国工业企业中最大规模的公众开放日活动。

同时，作为联合国全球契约领先企业，公司积极参加全球契约中国网络的各项活动，了解国际可持续发展趋势和议题，介绍中国石化作为中国

大型中央企业在经济、社会和环境等方面的战略、措施和成果，促进国际社会进一步了解中国和中国企业负责任的可持续发展理念。公司以发布可持续发展报告为纽带，加强与境外利益相关方的沟通与对话，了解境外的话语体系、议题内涵以及具体指标，查找境内外可持续发展议题差异，用境外利益相关方能听得懂的语言沟通中国企业可持续发展实践，并将沟通结果反馈给公司管理层和业务主管部门，形成了“沟通—反馈—管理提升—再沟通—再反馈—管理提升”的良性循环。通过这种机制，公司近几年相继完善了应对气候变化、污染物排放、水资源管理、人权原则等内容的沟通工作，并成为境内首家全面披露温室气体排放、四项污染物排放、新鲜水用量、人权原则等数据和信息的工业企业，得到了境外利益相关方的赞许。

12.3 经验与启示

首先，公司管理层的高度重视是可持续发展管理的保障。中国石化可持续发展的时间轴证明了这一点：2004 年加入联合国全球契约，2007 年对外发布可持续发展报告，2010 年向社会庄严作出“每一滴油都是承诺”的宣言，2011 年将绿色低碳战略纳入公司发展战略，2012 年成立董事会社会责任管理委员会、加入联合国全球契约领先企业和联合国关注气候倡议，2013 年实施“碧水蓝天”环保专业行动，2014 年实施“能效提升”计划，2018 年实施“绿色企业”行动计划。同时，公司董事会社会责任管理委员会由董事长戴厚良任主任，独立董事、国务院参事汤敏以及独立董事、中国人民银行货币委员会委员樊纲为委员；公司 HSSE（健康、生产安全、公共安全、环境）管理委员会中，董事长戴厚良为主要负责人，公司内部董事全部参与。从顶层设计可以看出公司对可持续发展的重视。

其次，战略规划需要有配套的实施方案才能有效落地。2000—2010 年是中国石化聚焦改善资产结构和资产质量、提升企业价值和股东回报、提供优质产品和服务的 10 年，以向社会作出“每一滴油都是承诺”的宣言为标志。2011 年，公司董事会将绿色低碳发展战略写入发展战略中，揭开了公司可持续发展的序章。“碧水蓝天”环保专项行动、“能效提升”计划“绿色企业”行动计划以及一系列的公益项目均是公司落实战略规划的系统配套实施方案，为中国石化实现全面可持续发展、迈向高质量发展提供了关键支撑。

最后，中国企业需要提高与境外利益相关方的沟通质量。实践中我们发现，中国企业对于环境、社会和治理（ESG）的理解与国外企业尚存在较大差异。境内较多使用生态文明建设、环境保护、关爱员工、服务社会等词语，而境外偏重于使用应对气候变化、生物多样性、污染物排放、人权、原住居民等，导致虽然中国企业在可持续发展方面作出了很大努力，但是国际社会对中国企业的努力仍不甚了解。而深入了解后，可以发现，虽然表述不同，但内涵相同。中国石化高度重视与境外利益相关方沟通的质量和效果。2004 年，公司加入联合国全球契约组织，承诺履行十项原则，用国际通用的语言与境外利益相关方沟通，于 2012 年成为全球契约领先企业，并积极支持全球契约在中国的工作，获得了国际社会的认可。同年，公司加入联合国应对气候变化倡议。2016 年，公司参与组织“实现可持续发展中国峰会”，响应 2030 年可持续发展议程，对标 17 项可持续发展目标（SDGs），并与境外利益相关方交流温室气体管理、污染物、生物多样性、人权等具体议题。采用共同语言便于国际社会更深入地了解公司，获得了广泛赞誉。积极响应和落实“一带一路”倡议，讲好中国故事、展示中国形象，需要中国企业，特别是参与“一带一路”或者“走出去”的企业熟悉国际认可的价值观和语言，并展示真实立体、开放包容、负责任的中国企业形象。

路漫漫其修远兮，吾将上下而求索。可持续发展之路任重而道远，如何在满足当代人需求的同时，又不损害后代人满足其需求的能力需要我们深入探讨与积极行动。中国石化深知，企业是市场经济活动的主要参与者，在生态文明建设、助力全球实现可持续发展的进程中责无旁贷，也是实现自身基业长青的根本遵循。公司将牢记“爱我中华　振兴石化”“为美好生活加油”的初心和使命，矢志不渝，披荆斩棘，为人民美好生活不懈奋斗，创造美好明天。

参考文献

[1] WBCSD 城市基础设施（UII）项目．中国·宜兴城市发展解决方案总览报告[R/OL]，[2013-06]．

[2] 陈锦华．国事忆述[M]．北京：中共党史出版社，2005.

[3] 陈锦华．开放与国家盛衰[M]．北京：人民出版社，2010.

[4] 陈锦华．论制造业[N]．人民日报，2012-02-20（8）．

[5] 陈锦华．中国特色社会主义企业的标志——陈锦华同志在上海石化总厂成立 40 周年座谈会上的讲话[N]．中国能源报，2012-08-20（24）．

[6] 丹尼尔·埃斯蒂，安德鲁·温斯顿．从绿到金：聪明企业如何利用环保战略构建竞争优势[M]．北京：中信出版社，2009.

[7] 国家安全生产监督管理总局．化工企业工艺安全管理实施导则（AQ/T 3034-2010）[S]．北京：煤炭工业出版社，2011.

[8] 国家安全生产监督管理总局．石油化工建设项目管理方安全管理实施导则（AQ/T 3005-2006）[S]．北京：煤炭工业出版社，2007.

[9] 国家安全生产监督管理总局．石油化工企业安全管理体系实施导则（AQ/T 3012-2008）[S]．北京：煤炭工业出版社，2008.

[10] 国家工业和信息化部．合成氨生产企业二氧化碳（CO_2）排放量计算方法（HG/T 4487-2012）[S]．北京：化学工业出版社，2013.

[11] 国家工业和信息化部．石油化工生产企业 CO_2 排放量计算方法（SH/T 5000-2011）[S]．北京：中国石化出版社，2012.

[12] 国家工业和信息化部．硝酸生产企业氧化亚氮（N_2O）排放量计算方法（HG/T 4488-2012）[S]．北京：化学工业出版社，2013.

[13] 国家工业和信息化部．硝酸生产企业氧化亚氮（N_2O）排放量计算方法（HG/T 4488-2012）[S]．北京：化学工业出版社，2013.

［14］国家质量监督检测检疫总局．化工企业水网络系统二氧化碳排放量计算方法（HG/T 4820–2015）［S］．北京：中国标准出版社，2016.

［15］尚长文．王基铭传［M］．北京：人民出版社，中国石化出版社，2017.

［16］世界可持续发展工商理事会，世界资源研究所．温室气体核算体系：企业核算与报告标准（修订版）［M］．北京：经济科学出版社，2012.

［17］世界可持续发展工商理事会．愿景 2050 商界新议程［M/OL］．世界可持续发展工商理事会，2010.https：//www.wbcsd.org/contentwbc/download/6526/110785.

［18］王基铭．过程系统工程技术与中国石化可持续发展［J］．化工学报，2007，58（10）.

［19］王基铭．生态文明建设与石油石化产业升级［J］．化工学报，2014（2）.

［20］王基铭．石化业的转型升级与发展［J］．中国石油石化，2015（15）.

［21］王基铭．我国石化产业面临的挑战及对策建议［J］．当代石油石化，2015（11）.

［22］王基铭．中国工程院第 97 次工程科技论坛——中国特色自主创新道路开幕致辞［J］．管理工程，2010（24）.

［23］王基铭．中国石化和可持续发展［J］．当代石油化工，2004，12（4）.

［24］王基铭．走可持续发展和绿色发展之路是必然选择［J］．化工管理，2013（6）.

［25］王忠禹．建立长效机制推进绿色发展［N］．中国企业报，2012–04–17.

［26］王忠禹．践行五大发展理念 推动企业提质增效［N］．中国企业

报，2016–04–19.

［27］王忠禹．经济新常态与可持续发展路径［N］．中国企业报，2015–04–21.

［28］王忠禹．可持续发展下的企业机遇［N］．中国企业报，2014–04–22.

［29］王忠禹．企业可持续发展面临崭新的机遇［N］．中国企业报，2018–04–24.

［30］王忠禹．三方合力探寻可持续发展路径［N］．中国企业报，2013–04–23.

［31］王忠禹．选准发展新方位 推动可持续发展［N］．中国企业报，2017–04–25.

［32］伊恩·斯佩勒博格，等．可持续性的度量、指标和研究方法［M］．周伟丽，孙承兴，王文华，等，译．上海：上海交通大学出版社，2017.

［33］袁宝华．袁宝华论质量与管理［M］．北京：人民出版社，2017.

［34］翟齐．企业社会责任（CSR）的供应链传播——CSR“1+3”推进模式［M］//WTO 经济导刊，英国社会责任研究院．国家责任竞争力2009：在中国抓住绿色发展的低碳机遇．北京：国家行政学院出版社，2010.

［35］翟齐．浅谈可持续发展路径与工商业的角色［J］．世界环境，2013（1）.

［36］中国可持续发展工商理事会，北京大学光华管理学院．中国企业社会责任推荐标准和实施范例［R］，2006.

［37］中国可持续发展工商理事会，美国可持续发展工商理事会．秦皇岛副产品综合利用（BPS）项目报告：利用跨产业的副产品协同利用，保护环境、节约资源，实现环境效益、社会效益和经济效益共赢［R］，2014.

［38］中国可持续发展工商理事会，中国企业联合会．2018 中国企业可持续发展指数报告［R］，2018.

［39］中国可持续发展工商理事会，中国企业联合会．2018 中国企业可持续发展指数阶段报告［R］，2018.

［40］中国可持续发展工商理事会，中国企业联合会．企业可持续发展指数报告［R］，2017.

［41］中国可持续发展工商理事会，中国石化青岛安全工程研究院，上海赛科石油化工有限责任公司，等．危险化学品道路运输安全管理导则［R］，2013.

［42］中国可持续发展工商理事会．化工行业价值链（范围三）企业温室气体排放量计算和报告指南［R］，2014.

［43］中国可持续发展工商理事会．中小城市发展和工商业解决方案案例集（第二集）［R］，2016.

［44］中国可持续发展工商理事会．中小城市发展和工商业解决方案案例集（第三集）［R］，2018.

［45］中国可持续发展工商理事会．中小城市发展和工商业解决方案案例集（第一集）［R］，2015.

［46］Eccles R G，Krzus M P，Ribot S. The Integrated Reporting Movement：Meaning，Momentum，Motives，and Materiality［M］. John Wiley & Sons，Inc.，2015.

［47］International Organization for Standardization. ISO 14064：Greenhouse Gases（GHG）Validation and Verification［S］，2006.

附　　录

附表　中国企业可持续发展指数行业分类系统

行业		业务类别		业务子类别	
00	能源化工业	0010	石油及天然气	001010	油气生产
				001020	油气设备与服务
		0020	煤炭	002010	煤炭
		0030	化工	003010	石油化工
				003020	特殊化工用品
				003030	化肥及农用化合物
		0040	可再生能源	004010	可再生能源生产
05	钢铁、有色业	0510	钢铁	051010	钢铁
		0520	有色	052010	黄金及贵金属
				052020	铜
				052030	铝
				052040	稀土
				052050	其他金属及矿物
10	建材行业	1010	建材	101010	水泥
				101020	玻璃
				101030	陶瓷
		1020	林业及木材	102010	林业及木材
20	机械设备制造业	2010	机械设备工业	201010	通用机械
				201020	工业零件及器材
				201030	民用船舶
				201040	民用飞机
				201050	轨道交通机械制造
25	汽车行业	2510	汽车	251010	商业用车及货车
				251020	汽车
				251030	汽车零件

续表

行业		业务类别		业务子类别	
30	建筑、房地产业	3010	地产	301010	地产代理
				301020	地产发展
				301030	地产投资
				301040	房地产投资信托
				301050	物业服务及管理
		3020	建筑	302010	楼宇建造
				302020	重型基建
40	消费品工业	4010	家庭电器及用品	401010	家庭电器
				401020	消费电子产品
				401030	玩具及消闲用品
				401040	家具
		4020	纺织、服饰及个人护理	402010	纺织品及布料
				402020	服装
				402030	鞋类
				402040	珠宝钟表
				402050	其他服饰配件
				402060	美容及个人护理
		4030	食物饮品	403010	包装食品
				403020	乳制品
				403030	非酒精饮料
				403040	酒精饮料
				403050	食品添加剂
		4040	医疗保健	404010	医疗保健设备
				404020	药品
				404030	生物科技
		4050	农业产品	405010	禽畜肉类
				405020	农产品
				405030	禽畜饲料

续表

行业		业务类别		业务子类别	
40	消费品工业	4060	纸及纸制品	406010	纸及纸制品
				406020	印刷及包装
50	消费者服务业	5010	媒体及娱乐	501010	广告及宣传
				501020	广播
				501030	影视娱乐
				501040	出版
		5020	酒店、餐饮及休闲设施	502010	酒店及度假村
				502020	旅游及观光
				502030	餐饮
				502040	休闲及文娱设施
		5030	批发零售	503010	百货商城
				503020	超市及便利店
		5040	医疗保健服务	504010	医疗及医学美容服务
		5050	其他服务	505010	教育
				505020	商业服务
60	电力、热力、燃气及水生产和供应业	6010	公用事业	601010	电力
				601020	热力
				601030	燃气供应
				601040	水务
		6020	环境工程	602010	环境工程设备及服务
70	交通运输仓储业	7010	交通运输业	701010	水上运输业
				701020	道路运输业
				701030	管道运输业
				701040	公共运输
		7020	航空运输业	702010	航空运输业
				702020	航空服务
		7030	仓储业	703010	仓储物流
				703020	采购及供应链管理
		7040	邮政业	704010	邮政
				704020	快递

续表

行业		业务类别		业务子类别	
80	信息技术业	8010	通信业	801010	通信设备
				801020	通信服务
				801030	卫星及无线通信
		8020	软件业	802010	系统开发及信息科技顾问
				802020	软件开发
				802030	电子商贸及互联网服务
		80030	电子信息产品制造行业	803010	电信装备
				803020	计算机及外围器材
				803030	电子信息技术
90	金融保险业	9010	银行	901010	银行
		9020	保险	902010	保险
		9030	其他金融	903010	证券及经纪
				903020	投资及资产管理
				903030	信贷
				903040	其他金融

企业案例索引